RAÍCES · SAGRADAS

UN TRATADO SOBRE LA NECESIDAD DE RECUPERAR LA GRAN TRADICIÓN

Dr. Don L. Davis

El Instituto Ministerial Urbano, *un ministerio de* World Impact, Inc.

El Instituto Ministerial Urbano es un ministerio de World Impact, Inc.

Título original en inglés: *Sacred Roots,* por Dr. Don L. Davis
Traducido al español por Karel Golcher.
Revisado y editado por Fernando Argumedo

*Este libro está dedicado a todos los
antiguos, presentes y futuros estudiantes de
El Instituto Ministerial Urbano
esparcidos en los Estados Unidos y el mundo
a través de nuestra red de satélites de TUMI,
quienes sirven al Cristo resucitado
en sus vidas y ministerios.
Ellos son verdaderos discípulos del Señor,
peregrinos que viven en el Camino
y verdaderos guerreros del*
Christus Victor (el Cristo Victorioso).
*A través de ellos el Espíritu Santo
incorpora y despliega
la belleza de la Historia de Dios
en algunos de los lugares
más apremiantes de la tierra.*

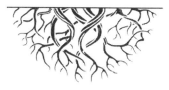

CONTENIDO

PARTE II: VIVIR LA VIDA

APÉNDICES: RECURSOS PARA EL VIAJE

ACERCA DEL AUTOR

El Rev. Dr. Don L. Davis es el director de El Instituto Ministerial Urbano (TUMI). Recibió una Licenciatura en Estudios Bíblicos del Colegio Wheaton, una Maestría en Teología Sistemática de la Facultad de Post-Grado del mismo, y tiene un Doctorado en Filosofía en Teología y Ética de la Facultad de Religión de la Universidad de Iowa.

El Dr. Davis ha ejercido como profesor de religión y teología en diversas universidades y seminarios, incluyendo Wheaton College, la Universidad St. Ambrose y la Facultad de Post-Grado en Teología de Houston. Ha servido por más de 25 años con World Impact, una agencia misionera interdenominacional dedicada a la evangelización, discipulado y plantación de iglesias entre gente de escasos recursos en los Estados Unidos. Es un orador ungido que frecuentemente comparte en convenciones y conferencias nacionales. Don también es el Vicepresidente de Desarrollo de Liderazgo de World Impact. Es un Conferencista "Staley" (grupo de oradores que enseña a otros profesores de universidad y seminario) y miembro de la Academia Americana de Religión. A través de los años el Dr. Davis ha escrito numerosos cursos y materiales diseñados para equipar a pastores, plantadores de iglesia y obreros cristianos para un ministerio efectivo en sus ciudades; incluyendo el Currículo Piedra Angular, consistente en el programa de dieciséis módulos a nivel de seminario de El Instituto Ministerial Urbano, diseñado específicamente para desarrollar a líderes de iglesias urbanas.

AGRADECIMIENTOS

Ninguna buena causa ni un buen esfuerzo pueden ser el producto del trabajo de una sola persona. Un pequeño tratado como éste acerca de la promesa de la espiritualidad urbana y de misiones, es el producto de muchas discusiones, intercambios, debates y conversaciones. Muchos apreciados amigos, colegas y estudiantes han ayudado a darle forma a nuestro entendimiento de la Gran Tradición y de las profundas y poderosas raíces que tenemos por dentro. Para mis queridos colegas en el Instituto, mi esposa que ha estado conmigo por 35 años, Beth, junto con Dan y Carolyn Hennings, Lorna Rasmussen, Julie Cornett, Tim Ladwig y Don Allsman, su apoyo y su amistad (junto con nuestro equipo de TUMI de la Oficina Nacional) siguen siendo una inspiración en mi andar personal y un fuerte estímulo para tener siempre enfoques creativos para la formación espiritual y la misión urbana. Ofrezco un reconocimiento especial a nuestra familia completa de World Impact, a toda la red de satélites de TUMI, a los voluntarios, coordinadores de satélites, mentores y estudiantes; quienes con ímpetu y entusiasmo continúan ratificando mucho de lo que yo veo como la esperanza del genuino avivamiento en las ciudades de escasos recursos de Estados Unidos y del mundo.

Debo dar singular atención a mi querido compañero de conversación teológica, Terry Cornett, quien con mente aguda, perspicacia y una pasión genuina por la Iglesia antigua indivisible, me ha impactado profundamente a través de los años. Desde los primeros días de nuestro encuentro en Wichita hace unos quince años, Terry y yo hemos mantenido una conversación constante y ambiciosa tocante a nuestras *Raíces Sagradas* y a la esperanza de una espiritualidad vital en la ciudad, la cual surge de esas raíces. Estas páginas han sido, en gran parte, forjadas a partir de mis conversaciones con él; o más aún, han sido "reverentemente plagiadas" de materiales que juntos escribimos y enseñamos en Hope School of Ministry (Escuela Ministerial Esperanza) a través de los años. Su contribución para mí y para nuestra espiritualidad compartida en TUMI, no tiene precio.

Por último, doy gracias de corazón a la comunidad religiosa y misionera de la cual soy parte, y a nuestra "cada vez más fundida" relación espiritual que hemos llevado por años. Las ideas de este libro no son ni abstractas ni carentes de prueba. Si hay algo verdaderamente bueno y claro dentro de este tratado, se debe en gran parte a lo afilado, lo pulido y lo editado que nuestro andar espiritual ha hecho en nuestras mentes. Hemos tratado de probar y ver que el Señor es bueno mientras experimentamos nuestras *Raíces Sagradas*, afirmando en nuestras vidas la historia de Dios. Nuestro culto, la oración, la enseñanza, la celebración de la Santa Cena, los tiempos de retiro y silencio, el estudio y la discusión, todas estas variadas experiencias, me han convencido de que lo que aquí se aboga es práctico, de significado para la vida y no meramente una especulación vacía. Estas reflexiones acerca de la promesa de renovar a la Iglesia mediante un redescubrimiento de la forma antigua de la teología, la adoración, el discipulado y la misión, han sido vividas en comunidad por años. Ofrezco estas ideas con la esperanza de retar a otros a morar como peregrinos en el Camino, de cambiar la metáfora, como ramas establecidas sobre las *Raíces Sagradas* de la Gran Tradición de la fe.

Don L. Davis
24 de Febrero del 2010.

RAÍCES·SAGRADAS

¿QUÉ ES RAÍCES SAGRADAS?

Acordaos de las cosas pasadas desde los tiempos antiguos; porque yo soy Dios, y no hay otro Dios, y nada hay semejante a mí. ~ Is. 46:9

Me acordaré de las obras de JAH; sí, haré yo memoria de tus maravillas antiguas. Meditaré en tus obras, y hablaré de tus hechos. ~ Sal. 77:11-12

Acuérdate de mí, oh Jehová, según tu benevolencia para con tu pueblo; visítame con tu salvación, para que yo vea el bien de tus escogidos, para que me goce en la alegría de tu nación, y me gloríe con tu heredad. ~ Sal. 106:4-5

Acuérdate de los tiempos antiguos; considera los años de muchas generaciones; pregunta a tu padre, y él te declarará; a tus ancianos, y ellos te dirán. ~ Dt. 32:7

Si las primicias son santas, también lo es la masa restante; y si la raíz es santa, también lo son las ramas. ~ Rom. 11:16

Este libro pretende ser un tratado, un manual, una primera palabra, una introducción para usted y otros, acerca de las raíces fundamentales de la fe cristiana, raíces que le aseguro pueden revitalizar nuestra fe, fortalecer nuestra adoración, renovar nuestra formación espiritual y bendecir nuestra evangelización y nuestro testimonio.

Raíces Sagradas es el término que usamos para referirnos a la Gran Tradición de la Iglesia como depósito de la fe, la práctica y la esperanza, la cual ha servido como la columna vertebral (metafóricamente hablando) de la Iglesia desde sus inicios; y lo que estaré argumentando aquí, de igual forma, es la clave para la renovación de la iglesia contemporánea. Objetivamente, esto incluye nuestro redescubrimiento de la historia de Dios en las Escrituras, las cuales detallan la obra salvífica del trino Dios a nuestro favor, culminando con la obra expiatoria de Cristo por el mundo. De manera subjetiva, las *Raíces Sagradas* incluyen la correspondiente obra de fe de la Iglesia, la adoración, el discipulado y el testimonio que ha sido expresado por su pueblo mediante las obras a lo largo de la historia de la iglesia.

Desde hace años, he sido profundamente alentado por académicos, líderes de adoración, pastores y evangelistas, quienes, en términos generales, se han estado esforzando por renovar a la Iglesia, reafirmando su confianza en la revelación de Dios y en la redención en Cristo Jesús, la cual es testificada en las Escrituras y transmitida a través del pueblo de Dios. Esta creciente comunidad de cristianos bíblicos y misionales se dedica a la idea de que un redescubrimiento de la historia bíblica de la salvación de Dios en Cristo articulado en la antigua tradición cristiana, puede enriquecer y fortalecer a la iglesia urbana contemporánea.

Inspirado por los documentos *The Chicago Call of 1977* (La Convocatoria de Chicago de 1977), y "*A Call to an Ancient Evangelical Future*" (Un llamado para un futuro evangélico antiguo), que fueron escritos por el difunto Dr. Robert Webber, apoyado por sus seguidores, esta presente obra - *Raíces Sagradas* - busca recuperar a grandes rasgos la fe y la práctica cristiana que han sido desarrolladas a partir de las Escrituras desde la época de nuestro Señor Jesucristo hasta la mitad del siglo quinto. Pretendemos entender esta tradición como las raíces sagradas de nuestra identidad cristiana; y nos comprometemos a explorar las formas en las que esta tradición puede renovar la fe y la misión evangélica en las ciudades, especialmente entre los pobres.

En la vida, el ministerio, la muerte y la resurrección de Jesucristo encontramos las raíces fundamentales de toda la teología cristiana y de la auténtica adoración. Como cumplimiento del antiguo pacto de Dios prometido a Abraham y a los patriarcas, Jesús de Nazaret inaugura y encarna el reinado de Dios en la historia, del cual todos los profetas, los apóstoles y todas las Escrituras daban testimonio.

De igual manera, las raíces fundamentales de la adoración de la Iglesia, la espiritualidad, la teología y la misión, se encuentran en las verdades principales de la fe cristiana que aparecen en los escritos bíblicos de los apóstoles, articuladas por los Padres de la Iglesia y expresadas en el Credo Niceno. Hoy en día, esta tradición común subyace a nuestras diversas tradiciones denominacionales históricas, y creemos que tiene el poder de enriquecerlas y facultarlas para una nueva perspectiva acerca de la justicia y de la misión urbana. La herencia sagrada de nuestra fe puede facultarnos para afirmar a la Iglesia de Jesús como una sola Iglesia, ayudándonos a evitar los efectos del sectarismo histórico, lo cual ha sido una amarga rivalidad.

En nuestros esfuerzos de renovar a la iglesia urbana, rescatando sus *Raíces Sagradas*, hacemos el intento deliberado de reunir a las iglesias, a los pastores y a las asociaciones, con el fin de recobrar la historia bíblica de la salvación que aparece en Abraham y en el pueblo de Israel. Esto, para recuperar el testimonio profético y apostólico de Jesucristo que está articulado en la historia, y para reenfocar nuestra adoración y nuestro testimonio en las raíces de las Escrituras, dadas a conocer por la Gran Tradición. Estas raíces son sagradas en sí mismas, y solamente por ellas llegamos a conocer la historia del amor de Dios en Cristo; y por la fe en Él, hacemos de esa historia (su historia) la nuestra. Estas raíces, cuando las recuperamos y las abrazamos, pueden renovar y refrescar todas las ramas de la espiritualidad y la misión urbana. La teología de la iglesia urbana contemporánea, la adoración, el discipulado y la evangelización, pueden ser enriquecidos y transformados en la medida en que sabiamente se encarnen en la teología de la iglesia antigua, en su liturgia y en su misión.

Aquellos que comparten una afinidad con las *Raíces Sagradas*, buscan animar a los líderes cristianos, a las congregaciones, a las asociaciones y a las denominaciones, a que redescubran el poder del *Christus Victor* (el Cristo Victorioso) de la Gran Tradición, y a que restauren -en su adoración y misión- la visión y la pasión de la iglesia antigua. Este rico legado de fe, teología y acción, es la herencia espiritual de todos los creyentes, que antecede a los pensamientos Católico Romano, Ortodoxo y Protestante, que con honor afirma la confesión profética y apostólica de las Escrituras tocante a los hechos de Dios en la historia mediante la persona de Jesucristo. Esto incluye la historia de Abraham y los patriarcas, la nación de Israel, la vida de Jesús y los apóstoles, y la antigua Iglesia de Dios.

Este libro está dividido en tres secciones. *Parte I: Elaborando el Caso*, trata de ofrecer una justificación de por qué debemos redescubrir la fe y la práctica de la Iglesia antigua indivisible. Esta sección termina con *Recursos para "Elaborando el Caso"*, un cofre con un tesoro que incluye gráficos y artículos claves diseñados para ayudarle a comprender mejor el significado de integrar todas las cosas alrededor de la visión y el drama de las Escrituras. *Parte II: Vivir la Vida*, ofrece formas específicas en las que podemos apropiar nuestras *Raíces Sagradas* para el beneficio de nuestra teología, adoración, discipulado y evangelización, personalmente en nuestras familias y congregaciones, y dentro de nuestras tradiciones y comunidades más grandes de fe. También termina con una sección titulada *Recursos para "Vivir la Vida"*, que provee algunos gráficos relevantes que detallan cómo la historia de Dios puede ser integrada en las diversas partes de la vida de nuestro cuerpo y misión.

Finalmente, la sección de *Apéndices* le proveerá un resumen acerca de World Impact, nuestra organización cristiana misionera interdenominacional, la cual es la nodriza de TUMI, así como una breve reseña sobre el Instituto y sus continuos esfuerzos para crear asociaciones para la misión. También estoy incluyendo una copia de *A Call to an Ancient Evangelical Future* (Un llamado hacia un futuro evangélico antiguo) escrito por mi antiguo profesor en Wheaton, Robert Webber, quien pasó a la presencia del Señor en el 2007. Sus incansables esfuerzos por ver a la iglesia contemporánea siendo impactada por la Gran Tradición de la Iglesia, me han inspirado enormemente durante los últimos 20 años, y *Raíces Sagradas* es en gran parte una sofisticada aplicación de mucho del pensamiento del Dr. Webber.

Nuevamente, este libro es más que un tratado, una primera lectura, un libro que solamente cubre, de manera general, las riquezas de la historia de Dios. Esta historia constituye esa narrativa que la Gran Tradición de la Iglesia trató de defender y encarnar. Para aquellos que están interesados en leer más acerca de la

Gran Tradición y cómo ésta puede revitalizar su andar espiritual personal, su pastorado, su congregación, aún sus propias tradiciones, por favor visite nuestro sitio en la red: *www.tumi.org/sacredroots*. Aquí usted encontrará artículos, recursos, videos, audio-enseñanzas, y toda una gama de materiales diseñados para ayudarle a caminar paso a paso en las riquezas de nuestras raíces comunes de la teología y la práctica. Usted será más condescendiente con este tratado, si usted se da cuenta de que esto es meramente una pieza introductoria, no un índice enciclopédico. Sin embargo, aquí hay suficiente material para darle a usted un verdadero argumento que explique por qué tenemos que volver a nuestras raíces comunes, si en realidad estamos dando un testimonio convincente de Cristo en nuestras ciudades.

Se espera que ese panorama general y básico pueda estimularle, por un lado, a un estudio y una reflexión más profundos; y por otro lado, según el Espíritu le guíe, a un esfuerzo sincero y dedicado por hacer real en su experiencia esa fe fundamental de aquella Iglesia antigua indivisible. Su visión, su formación espiritual, su buen testimonio, fueron capaces de ofrecer un testimonio convincente de Cristo en medio de un mundo que estaba totalmente perdido, incierto e impío. Es nuestro tiempo para dar testimonio de la historia de Dios en nuestro mundo, y hacerlo con el mismo celo, la misma claridad y la misma pasión con la que lo hicieron nuestros abuelos y padres de la fe.

Sí, ¡este es nuestro tiempo! y podemos cumplir nuestro papel en el Reino de Dios con tan sólo redescubrir quiénes somos verdaderamente, en estos días de incertidumbre y temor.

Don Davis

PARTE I

ELABORANDO EL CASO

*Impregne, impregne e impregne continuamente la
verdad de que usted ha tenido una visión;
llévela a la cama con usted, duerma con ella, levántese en la mañana con ella,
cautívela continuamente con su imaginación,
y lentamente y con seguridad, mientras pasan los meses y los años,
Dios le convertirá a usted en uno de sus especialistas en esa verdad particular.*

~ Oswald Chambers (1874-1917)

*Me acordaré de las obras de Jehová;
sí, haré yo memoria de tus maravillas antiguas.
Meditaré en todas tus obras, y
hablaré de tus hechos.*

~ Salmo 77:11-12

CAPÍTULO 1

¿DE CUÁL ESPÍRITU SOMOS?

Un tratado sobre la necesidad de recuperar la Gran Tradición para la Iglesia

En la teología y en la adoración, en el discipulado y la evangelización, no hay nada más importante que conocer su legado espiritual, las raíces de su linaje espiritual, la Roca proverbial de donde usted fue excavado.

Con el propósito de discernir los orígenes de nuestra propia herencia, necesitamos hacer cierto tipo de trabajo genealógico espiritual, por así decirlo, para detectar con mayor precisión lo que constituye las raíces de nuestra fe en Jesucristo.

Al igual que todos los creyentes en todo el mundo, nosotros los discípulos de Jesús de Nazaret, creemos que el Reino de Dios ha venido a la tierra en su encarnación. Aunque no totalmente consumada, la venida del Verbo hecho carne al mundo (San Juan 1:14-18), significa que el largo reinado de la maldición ha sido roto a través de la muerte, la sepultura y la resurrección de Jesucristo. Como nuestro Señor y Mesías, Jesús liberó a su pueblo de la opresión del diablo, de la condenación de la ley, del poder del pecado y de la muerte. Debido a esta libertad que Cristo otorgó al pueblo de Dios, ahora podemos explorar y emplear diferentes formas de adoración y servicio en la Iglesia; libertad que, por supuesto, fue dada para que permanezcamos fieles al Señor y bien arraigados en la tradición apostólica, la cual está expresada en las Sagradas Escrituras.

A lo largo de la historia de la Iglesia, los cristianos han expresado su libertad en Jesús para cambiar o transformar sus respectivas estructuras, normas y prácticas. Tal libertad ha sido confirmada sobre la base del consentimiento de las iglesias y líderes debidamente designados; y siempre con el fin de glorificar a Dios en Cristo.

Estas expresiones de libertad, guiadas por el Espíritu Santo, siempre han tratado de recobrar, en su más amplia expresión, nuestra herencia cristiana. En verdad, nuestra libertad en Cristo nos permite seguir a nuestras conciencias, cuando expresamos nuestra adoración y nuestro servicio en formas consistentes con las Escrituras. Todas las personas de todas las culturas que en obediencia siguen a Cristo, están obligadas a expresar su amor y afecto hacia Dios de manera coherente con sus costumbres y prácticas.

Sin lugar a dudas, la obra de Dios en Cristo se llevó a cabo en nombre de todos los pueblos del mundo y de toda la creación misma. En decenas de miles de culturas humanas, las buenas nuevas del amor de Dios en Cristo han sido comunicadas, encarnadas y reproducidas. En cada cultura donde el Espíritu ha movido a otros a confiar en Cristo, los creyentes aprenden y confiesan la verdadera fe, el evangelio de la salvación, el cual ha dado a luz a comunidades cristianas en todos los confines de la tierra. Esta libre expresión y encarnación de Cristo, es esencial cuando los miembros de un grupo de personas le confiesan como el Señor de todo.

Mientras el evangelio ha sido distribuido libremente por el mundo, no ha cambiado en lo absoluto; y su mensaje básico se mantiene inalterado y no adulterado. Ninguna generación de creyentes tiene la libertad de alterar el mensaje de la visión bíblica del Reino de Dios; ese mensaje es fijo e invariable. Sin embargo, también afirmamos felizmente, que nuestra identidad evangélica nos permite y exige hacer todo lo posible para dar una expresión plena y fresca al significado del evangelio de Jesucristo, en el contexto de nuestra cultura y comunidad.

Hoy en día, la iglesia evangélica contemporánea se encuentra impactada por una época de postmodernismo, religión civil, hedonismo, pragmatismo y egocentrismo. Estos vientos culturales que comprometidamente tratan de cambiarlo todo (hasta cierto punto), han influido en la adoración y en el servicio del cuerpo de Cristo en nuestras diversas tradiciones y expresiones culturales de nuestra fe. Estos retos exigen al pueblo de Dios -de una vez por todas- un nuevo descubrimiento y una reapropiación de la fe. Para hacer frente a estas amenazas y aprovechar nuestras oportunidades actuales, debemos tratar de ser transformados, renovados y reenfocados por la historia cristiana, a fin de ofrecer un verdadero testimonio de Cristo y su reino.

Uno de los recursos más ricos para la transformación y para una fe y un discipulado renovados, se basa en nuestro intento de recuperar la Gran Tradición. Es decir, aquellas doctrinas, prácticas y estructuras empleadas por la Iglesia antigua para tratar de dar una buena expresión de la verdad de Jesucristo. La fe y la práctica de la Iglesia antigua sirven como la fuente autoritativa de todas nuestras distintas denominaciones y prácticas.

En términos de tiempo, la Gran Tradición se puede medir a partir del período comprendido entre la época de Cristo hasta mediados del siglo quinto. Esta tradición "sobre la cual descansan todas las expresiones cristianas", intentó fielmente articular, expresar y defender encarnacionalmente lo que los apóstoles nos transmitieron respecto a su enseñanza, su adoración, su discipulado y su experiencia. La Gran Tradición es la fuente de nuestro énfasis organizacional y denominacional; y representa el fundamento de todo pensamiento contemporáneo y sus prácticas. Desde sus orígenes, los cristianos han creído, han adorado y han dado testimonio de la misma historia que se esboza en las Escrituras. Para nosotros, el Dios que creó, el que pactó con Abraham, quien redimió a Israel y que se encarnó en la persona de Cristo, es verdaderamente el Dios de la Iglesia y de todos los creyentes en Jesucristo.

¿Por qué debemos prestar atención a la Iglesia antigua? ¿Estamos haciendo nuestro propio intento de redescubrir la práctica de la Iglesia del Nuevo Testamento, dejando a un lado la historia e ignorando la manera en que el Espíritu ha obrado en la Iglesia a través de los siglos? No. Nuestro intento de comprender nuestras raíces comunes, no es rechazar lo que el Espíritu Santo ha hecho -y sigue haciendo- en y a través de la Iglesia en la historia. Más bien, estamos sugiriendo que redescubrir nuestras raíces comunes nos pueden permitir encontrar las mejores maneras de reafirmar nuestra verdadera identidad espiritual y comunicar el evangelio a nuestros vecinos en la actualidad.

Como una iglesia apasionadamente transformada por la presencia del Cristo resucitado, la Iglesia antigua indivisible soportó los desafíos del cisma, la herejía, el dominio imperial y la inmoralidad de la sociedad. Superaron el sensible ataque engañoso de los gnósticos (esa herejía antigua que ponía en duda la naturaleza humana de Cristo), y resistieron al avance de una serie de herejías viciosas diseñadas para socavar la claridad y la verdad del evangelio. Los primeros cristianos desarrollaron una fe que resumió y defendió la enseñanza de los apóstoles y las estructuras de la adoración en el culto, lo cual llevó a sus miembros (muchos de los cuales eran pobres y oprimidos) hacia una esperanza viviente y a la presencia misma de Cristo.

Más allá de cualquier duda, la Iglesia antigua indivisible era una comunidad centrada en Cristo. La mayoría de sus concilios y credos tenían que ver con la persona, la obra y la autoridad de Cristo entre su pueblo. Gobernándose a sí mismos de acuerdo a una visión conciliar de líderes que juraron fidelidad al Señor Jesús, la Iglesia antigua definió la espiritualidad en términos del pueblo de Dios que revive, reactiva y encarna la vida y la obra de Jesús mediante el bautismo en Cristo (*catecismo*), la celebración del día del Señor, la práctica del Calendario Cristiano (o año litúrgico) y una espiritualidad compartida entre las iglesias. Más que sucumbir a la presión social, estos creyentes vivieron una fe que les permitió representar noblemente al Reino de Dios en su época y establecer un fundamento y un modelo a seguir para nuestros días.

Debido a esto, estamos convencidos de que intentar recuperar la Gran Tradición puede mejorar nuestra capacidad para testificar del Reino en nuestros días, en medio de una sociedad perturbada y perdida.

Seamos claros con nuestros propósitos en este esfuerzo. Nuestro intento por recuperar la Gran Tradición no afirma ingenuamente que todo lo que la iglesia primitiva creía y practicaba debe ser reproducido en el día de hoy, independientemente de lo que en sí mismo afirmó e hizo. Por otro lado, tampoco estamos sugiriendo que ellos eran una comunidad perfecta. En nuestra opinión, es erróneo y no bíblico abogar irreflexivamente por una actitud simplista de repetir cualquier cosa que la iglesia primitiva haya hecho. Eso va en contra de nuestra convicción bíblica de que el espíritu de los de Berea era noble (quienes incluso vetaron las enseñanzas del apóstol Pablo, yéndose en contra de las Escrituras, comp. Hechos 17:11) y de que nuestra herencia protestante debe ser reformada y siempre debe reformar.

Ciertamente, nuestro tiempo es nuestro tiempo, y no podemos meramente intentar volver a "los buenos y viejos días" de aquella comunidad primitiva. Nos guste o no, han pasado más de 2,000 años desde que la Iglesia de Jesucristo fue formada; y el Espíritu de Dios ha estado activo a lo largo de toda la historia, con todos los topes y golpes incluidos.

Más que buscar un retorno nostálgico, deseamos aprender de la Gran Tradición, con el fin de cumplir con nuestros desafíos en el día de hoy. Estoy convencido de que el redescubrimiento de esta Tradición puede potenciar a líderes urbanos y a sus congregaciones para resistir las tentaciones de nuestro tiempo; y ayudarlos a mantener la esperanza y la valentía para encarar al mal social y espiritual. Por sobre todo, para quienes amamos a Cristo, abrazar la Gran Tradición puede ayudar a reconectarnos con los orígenes históricos de nuestra fe y ser transformados de nuevo mediante nuestro retorno a las raíces sagradas de nuestra fuente espiritual -la tradición apostólica expresada en las Escrituras, culminando en la gloriosa persona y obra de nuestro Señor Jesús resucitado. Recobrar la Gran Tradición nos puede capacitar para afirmar nuestro pasado, para vivir con valentía en nuestro presente, y para anticipar nuestro futuro y la venida del Reino de Dios en Cristo.

He hablado bastante acerca de la necesidad de recuperar nuestras raíces comunes en la Gran Tradición. Entonces, ¿cómo exactamente debemos definirlo y qué implica precisamente? Este será el tema de nuestro próximo capítulo.

CAPÍTULO 2

YENDO HACIA ADELANTE, MIRANDO HACIA ATRÁS

Hacia una RECUPERACIÓN EVANGÉLICA de la Gran Tradición

En un libro tan maravilloso, Ola Tjorhom[1] describe la Gran Tradición de la Iglesia como "viva, orgánica y dinámica".[2] La Gran Tradición representa ese corazón evangélico, apostólico y católico de la fe y la práctica cristianas, que data desde el año 100 hasta el 500 D.C. Su rico legado representa la confesión de lo que la Iglesia siempre ha creído, de la adoración que celebraba y encarnaba, y de la misión que abrazó con profundo compromiso. En nuestro próximo capítulo - sobre las tradiciones- veremos que la Gran Tradición nunca puede ser vista como un sustituto de la Tradición Apostólica (es decir, la fuente autoritativa de toda la fe cristiana, las Escrituras). Por otra parte, nuestro compromiso con la Gran Tradición no debe eclipsar nuestra afirmación y experiencia de la presencia de Cristo en la Iglesia a través del Espíritu Santo. Sin embargo, como un reflejo de nuestra fe, a través de los siglos la Gran Tradición ha provisto al pueblo de Dios la esencia de su confesión; y creemos que lo puede seguir haciendo en nuestros días con claridad y energía, especialmente en las personas que habitan en las ciudades de los EEUU, de América Latina y de todo el mundo.

Estoy de acuerdo con muchos estudiosos evangélicos de hoy que creen que el camino a seguir para una fe dinámica y una renovación espiritual para la iglesia

---

[1] Ola Tjorhom. *Visible Church-Visible Unity: Ecumenical Ecclesiology and "The great Tradition of the Church."* Collegeville, Minnesota: Liturgical Press, 2004.

[2] *Ibíd.*, p. 35.

contemporánea, lleva en sí mismo nuestra capacidad de redescubrir nuestras raíces comunes, esas raíces sagradas de la teología, de la adoración, el discipulado y la evangelización de la Iglesia antigua indivisible. Esta es la Iglesia que precede a los diversos cismas y divisiones que han marcado nuestra práctica histórica eclesial a través de los siglos. A esta Iglesia le debemos nuestras creencias más fundamentales como creyentes en todo el mundo; y ella nos ofrece la oportunidad para renovar nuestra fe, la cual se ha convertido a lo largo de los siglos en una fe dividida, provincial y sectaria.

Si vamos a revitalizar nuestra visión y misión de la iglesia contemporánea, necesitaremos con seriedad, reverencia y profunda crítica, echar una mirada a nuestra historia común, a nuestras raíces sagradas. Una vez más, vemos hacia atrás y estudiamos nuestras raíces, no con deseos de ver esos "buenos viejos tiempos" de aquella iglesia primitiva que carecía de problemas; o como un intento ingenuo e inútil de, incluso, imitar su viaje heroico de la fe. Por el contrario, con una mirada crítica en la historia, un espíritu devoto de respeto por la Iglesia antigua y un profundo compromiso con las Escrituras, buscamos redescubrir nuestras *Raíces Sagradas*; es decir, la Gran Tradición de la ortodoxia cristiana que representa esa simiente de nuestra fe histórica, y de una fe nueva, auténtica y contemporánea. Lo que está en juego en este intento de recobrar nuestras raíces, no es más que una espiritualidad vital que afirma y encarna las creencias y prácticas fundamentales de la Iglesia en todo el mundo; una espiritualidad que también evita las terribles divisiones que se han dado en la historia de la iglesia y las rupturas de la iglesia contemporánea.

Ya que creemos que deberíamos echar un vistazo a la Iglesia primitiva o que estamos lo suficientemente convencidos de que debemos recuperar la Gran Tradición, para la renovación de nuestras iglesias de hoy, ¿qué es lo que exactamente pretendemos recuperar? ¿hacia dónde debemos volver? ¿Cómo debe darse tal recuperación? ¿Vamos a aceptar sin crítica todo lo que la Iglesia antigua dijo e hizo como "evangelio", tocante a su pensamiento y práctica de decir la verdad, simplemente porque estaba más cerca en tiempo y lugar de los acontecimientos sorprendentes de Jesús de Nazaret? ¿Es su contenido, por ser antiguo, "una verdad esencial" en sí misma?

Mi respuesta inequívoca es ¡no! No debemos mirar a los primeros cinco siglos de la fe como una especie de "zona libre de herejía e inmoralidad" que sugiere que lo que se dijo e hizo no puede ser criticado o revisado. Tampoco deberíamos sugerir que algo que es viejo sea verdaderamente bueno. La verdad es más que afirmaciones antiguas; la verdad fue encarnada en la persona de Jesús de Nazaret y las Escrituras hacen una afirmación autoritativa del significado de su revelación y salvación en la historia. No podemos aceptar las cosas simplemente porque éstas fueron hechas en el pasado. Al contrario, la Gran Tradición nos anima a que seamos críticos, para que podamos "contender por la fe que ha sido una vez dada a los santos" (Judas 3), para abrazar la tradición recibida de los apóstoles que estaba enraizada en la interpretación de las Escrituras, y expresada en las confesiones cristianas.

Mientras Tjorhom ofrece su propia lista de diez elementos teológicos de la Gran Tradición que, bajo su consideración, son dignos de una reinterpretación,[3] yo creo que hay siete claras dimensiones de la fe cristiana que debemos tratar de comprender. Desde el punto de vista bíblico y espiritual, creo que estas dimensiones pueden ayudarnos a entender lo que la Iglesia primitiva creía y lo que significaba para su adoración, su discipulado y su evangelización, en medio de la sociedad en la que vivían. Sin duda, estos creyentes defendieron nuestra fe; y con valentía testificaron de la promesa de salvación en medio de una generación pagana y maligna. A ellos se les dio la tarea de consolidar nuestro canon actual de las Escrituras, de definir nuestra teología (nuestra regla de fe) y de modelar una formación espiritual auténtica. El núcleo de nuestra fe y de nuestras prácticas actuales tiene sus raíces en las ideas y obras de esa Iglesia antigua; y merece un segundo vistazo.

Adaptando las nociones de Tjorhom sobre la Gran Tradición, he aquí una lista de las dimensiones esenciales que creo merecen ser rescatadas.

1. *La tradición apostólica.* La Gran Tradición tiene sus raíces en la tradición apostólica, es decir, el testimonio ocular y la experiencia de primera mano de los apóstoles respecto a la vida y la obra de Jesús de Nazaret, atestiguadas en

---

[3] *Ibíd.*, págs. 27-29. Los diez elementos de Tjorhom están discutidos en el contexto de su obra, donde también aboga por los elementos estructurales y las aplicaciones ecuménicas de recuperar la Gran Tradición. Estoy totalmente de acuerdo con la orientación general de su argumento, que tal como yo lo creo, hace la afirmación que un renovado interés y estudio de la Gran Tradición puede también renovar y enriquecer a la iglesia contemporánea en su adoración, servicio y misión.

las Sagradas Escrituras. La Iglesia es apostólica, edificada sobre el fundamento de los profetas y los apóstoles, siendo Cristo mismo la piedra angular. Las Escrituras en sí mismas representan la fuente de nuestra interpretación acerca del Reino de Dios, la historia del amor redentor de Dios encarnado en la promesa dada a Abraham y los patriarcas, en los pactos y experiencia de Israel, culminando en la revelación divina acerca de Jesucristo, según lo predicho por los profetas y explicado por el testimonio apostólico.

2. *Los concilios y credos ecuménicos, especialmente el Credo Niceno.* La Gran Tradición declara la verdad y establece los límites de la fe ortodoxa histórica, tal como se define y se afirma en los credos ecuménicos de la Iglesia antigua indivisible, con especial énfasis en el Credo Niceno. Sus declaraciones condujeron a una correcta interpretación y a comentarios sobre las enseñanzas de los apóstoles acerca de las Escrituras. Aunque en sí misma no es la fuente de la fe, la confesión de los concilios ecuménicos y los credos representan la esencia de sus enseñanzas,[4] especialmente aquellas anteriores al siglo V (donde prácticamente se articularon todas las doctrinas elementales acerca de Dios, Cristo y la salvación). Los credos ofrecen una norma hermenéutica práctica y confiable mediante la cual podemos determinar lo que los cristianos han creído y defendido desde el principio acerca de la obra salvadora de Dios en Cristo.

3. *La antigua regla de fe.* La Gran Tradición abrazó la esencia de esta fe cristiana en una norma, es decir, una regla antigua de fe considerada como el criterio por el cual las demandas y propuestas de la interpretación de la fe bíblica debían ser evaluadas. Ciertamente, esta antigua regla sirvió como precursora de los credos ecuménicos, que son vistos como resúmenes "ortodoxos" de nuestra fe (compatibles con la enseñanza y la práctica de los apóstoles). Esta norma, cuando se aplica con reverencia y rigor, nos permite definir la esencia de la confesión cristiana de la Iglesia antigua, expresada claramente en ese adagio de Vicente de Lérins: "lo que siempre se ha creído por todos y en todas partes".

---

[4] Estoy en deuda con el difunto Dr. Robert E. Webber, por esta útil distinción entre la fuente y la sustancia de la fe y la interpretación cristianas.

4. *La visión del Christus Victor acerca del mundo.* La Gran Tradición celebra y afirma a Jesús de Nazaret como el Cristo, el Mesías prometido de las Escrituras hebreas, el Señor resucitado y exaltado, la cabeza de la Iglesia. En Jesús de Nazaret solamente, Dios ha reafirmado su reinado sobre el universo, habiendo vencido a la muerte en su muerte, conquistando a los enemigos de Dios a través de su encarnación, muerte, resurrección y ascensión, rescatando a la humanidad de su castigo por su transgresión de la ley. Ahora, resucitado de entre los muertos, ascendido y exaltado a la diestra de Dios, él ha enviado al Espíritu Santo al mundo para facultar a la Iglesia para dar testimonio.

La Iglesia debe ser considerada como el *pueblo de la historia*, el pueblo de la victoria obtenida por Jesucristo. A su regreso, él consumará su obra como Señor. Esta visión del mundo fue expresada en la confesión, la predicación, la adoración y el testimonio de la Iglesia antigua. Hoy en día, mediante nuestro servicio y adoración (nuestra liturgia) y la práctica del año litúrgico (a veces llamado calendario cristiano), la Iglesia reconoce, celebra, encarna y proclama la victoria de Cristo: la destrucción del pecado y del mal, y la restauración de toda la creación.

5. *La centralidad de la Iglesia.* La Gran Tradición confiadamente confesó a la Iglesia como el pueblo de Dios, el *pueblo de la historia de Dios*. La fiel asamblea de creyentes, bajo la autoridad del pastor Jesucristo, es ahora el lugar y el agente del Reino de Dios en la tierra. Cristo continúa viviendo y moviéndose en la adoración, comunión, enseñanza, servicio y testimonio de la Iglesia. La Gran Tradición insiste en que la Iglesia, bajo la autoridad de sus pastores y la totalidad del sacerdocio de los creyentes, es visiblemente la morada del Espíritu de Dios en el mundo de hoy. Con Cristo mismo siendo la principal piedra angular, la Iglesia es el cuerpo de Cristo, el templo del Espíritu Santo.

Todos los creyentes, vivos, muertos y aun los que no han nacido, conforman la única Iglesia, santa, católica (universal) y apostólica. Reunidos regularmente en la asamblea de creyentes, los miembros de la iglesia local adoran a Dios mediante la Palabra y el sacramento, para dar testimonio de sus buenas obras y proclamar el evangelio. Incorporando nuevos creyentes en la Iglesia a través del bautismo, la Iglesia encarna la vida del Reino en su comunidad, y demuestra con palabras y hechos la realidad del Reino de Dios a través de su vida comunitaria y su servicio al mundo.

6.   *La unidad de la fe.* La Gran Tradición afirma inequívocamente la catolicidad de la Iglesia de Jesucristo, la cual se preocupa de mantener la comunión y la continuidad con la adoración y la teología de la Iglesia a lo largo de los siglos (la Iglesia universal). Dado que ha habido y sólo puede haber una esperanza, un llamado y una fe, la Gran Tradición luchó y se esforzó por la unidad, tanto en palabra como en doctrina, adoración y caridad. En un día en que la división sectaria es desenfrenada y la identidad denominacional es vista como anti-bíblica y contraproducente, es vital afirmar que la historicidad de la única fe verdadera nos es útil y necesaria. La naturaleza misma de nuestra fe es su capacidad de trascender culturalmente en un lugar y tiempo, dentro de un pueblo, una cultura, una tribu y una nación. No debemos tener una conformidad rígida y sin sentido como indicio de una fe auténtica. Mientras haya diferentes culturas y pueblos, la única fe verdadera y apostólica expresará su adoración, discipulado y testimonio en formas que coincidan con esos pueblos. Donde está el Espíritu del Señor, hay libertad y unidad; libertad de expresión de fe y unidad en confesión y práctica de lo esencial del evangelio dado a la Iglesia.

7.   *El mandato evangélico del Cristo resucitado.* La Gran Tradición afirma el mandato apostólico de dar a conocer a las naciones la victoria de Dios en Jesucristo, proclamando la salvación por gracia mediante la fe en su nombre e invitando a todos los pueblos al arrepentimiento para entrar al Reino de Dios. Por medio de actos de justicia y rectitud, se despliega la vida del Reino en el mundo de hoy. A través de su predicación y de una vida en comunidad, la Iglesia proporciona un testimonio y una señal del Reino presente en y para el mundo (*sacramentum mundi*), y sirve como "columna y baluarte de la verdad" (1 Tim. 3.15). Como guardianes de la Palabra de Dios, la Iglesia se encarga de definir y defender con claridad la fe que fue dada una sola vez a la Iglesia a través de los apóstoles.

En resumen, la Gran Tradición es esa fuente común de teología anclada en las Escrituras canónicas de los apóstoles y los profetas, que resume la obra salvadora de Cristo. Esta obra es testificada en los credos a través de los concilios ecuménicos de la Iglesia; y articulan la obra expiatoria de salvación de Cristo a favor de la creación y del mundo. La Iglesia es fundamental para esta historia, pues funge como confesora y protectora del amor y la gracia de Dios, testificando de Su poder mediante su teología, su adoración, discipulado y evangelización. Sin importar su expresión cultural, en cada pueblo y lugar donde Cristo es adorado y glorificado, la Iglesia continúa encarnando y declarando las buenas nuevas al mundo. Como agente del Reino de Dios en la tierra, la Iglesia hace discípulos a todas las naciones, bautizándolos en el nombre del Padre, y del Hijo, y del Espíritu Santo, enseñando los mandamientos de Cristo e incorporando a los creyentes en su cuerpo.

Entiéndase que tratamos de recuperar la Gran Tradición desde una perspectiva evangélica (definida como un enfoque centrado en el evangelio, en Cristo y en las Escrituras). No creemos que cada pensamiento de cada Padre de la Iglesia debe ser equiparado con las Escrituras y la verdad, ni tampoco creemos que están vinculadas si no cumple con el estándar de la regla de Vicente: lo que siempre se ha creído por todos y en todas partes. Esta recuperación es muy fina. La esencia de la histórica fe ortodoxa no implica imitar todo lo que se dijo e hizo; sino más bien, busca nuevas formas de incorporar a nuestra teología, adoración, discipulado y evangelización, aquellas cosas enraizadas en lo sagrado, en las raíces comunes de nuestra fe. Nuestra recuperación siempre demandará una comprensión crítica de cómo su pensamiento encaja con las Escrituras, la ortodoxia y nuestra práctica.

Dicho esto, sin embargo, este esbozo de las dimensiones de la Gran Tradición es lo que creo que simplemente debemos aprender y redescubrir. Estos principios representan las raíces comunes de la fe cristiana, que, practicados, pueden traer un avivamiento a muchas de nuestras divididas y confusas iglesias de nuestros días.

La Gran Tradición está anclada en la tradición de los apóstoles. Sin embargo, ¿Es en realidad toda la tradición una *buena* tradición? ¿Cómo podemos saber la diferencia entre éstas? En nuestro próximo capítulo aprenderemos por qué la tradición es esencial para toda la fe bíblica y ortodoxa.

CAPÍTULO 3

¿CUALQUIER TRADICIÓN?

Tres niveles de autoridad cristiana

Quizás no hay palabra tan difícil de comprender (y menos admirada y disfrutada) en el pensamiento de la iglesia contemporánea que el término "tradición". A menudo, la gente ve a la tradición como un aburrido formalismo, un tipo de conformidad deprimente, sin sentido, poco útil para las viejas reglas y prácticas, que socava nuestra capacidad para escuchar y obedecer al Espíritu Santo. Aquellos que enfatizan la tradición comúnmente se resisten a cualquier cosa nueva. La tradición es muy a menudo usada como una excusa para no probar algo nuevo, para no renovar lo que siempre hemos hecho, y para no cambiar cuando el cambio está garantizado. Ser un tradicionalista, en casi todos los contextos, es estar asociado con lo atrasado, lo aburrido y lo frágil. Incluso Jesús criticó a los fariseos de invalidar el mandamiento del Señor, por su insistencia servil en la tradición de los ancianos (Mt.15). A raíz de este abrumador factor negativo, ¿cómo puede alguien ser tan tonto como para abogar por la tradición hoy en día?

Bueno, yo puedo serlo y lo seré. De hecho, espero que al final de este capítulo usted reconozca que es imposible tener un sentido de la revelación de nuestro Señor Jesucristo sin apelar a la tradición de los apóstoles, a ese evangelio que encomendaron a la Iglesia para ser defendido, protegido y transmitido a la siguiente generación. En este capítulo, echaremos un vistazo general a las tres dimensiones de la Tradición de la autoridad cristiana; y brevemente resumiremos algunos de los elementos doctrinales asociados con la Gran Tradición.[5]

---

[5] El contenido de este capítulo es una adaptación de un artículo escrito por mí y por Terry G. Cornett para la formación de líderes urbanos.

Definición de Strong

Paradosis. Transmisión, es decir, (concretamente) de un precepto; específicamente, la ley judía tradicional.

Explicación del Diccionario de Vine

Denota "una tradición", y por lo tanto, por metonimia, (a) "las enseñanzas de los rabinos",. . . (b) "la enseñanza apostólica",. . . de instrucciones relativas a las reuniones de los creyentes, de la doctrina cristiana en general. . . de las instrucciones concernientes a la conducta diaria.

PRINCIPIOS DE LA TRADICIÓN Y LA IGLESIA

Para entender mejor el papel de la tradición en la formación espiritual basada en las *Raíces Sagradas,* veremos seis principios asociados con la tradición y el papel que han desempeñado a través de la historia del cuerpo de Cristo.

1. *El concepto de la tradición en las Escrituras es esencialmente positivo.*

La importancia de la tradición se ve en todas las Escrituras. Gran parte del año sagrado judío (con su observancia en la pascua, la fiesta de los panes sin levadura, la fiesta de pentecostés y el día de expiación, y la fiesta de los tabernáculos) estaba basado en la obra de Dios en el pasado, en la demostración de las obras poderosas del éxodo. En este sentido, Dios fue el autor de la tradición de su pueblo; a ellos les mandó recordar, celebrar y consagrar todo lo que les había revelado, para memoria de su obra en la historia.

> *Jr. 6:16 - Así dijo Jehová: "Paraos en los caminos, y mirad, y preguntad por las sendas antiguas, cuál sea el buen camino, y andad por él, y hallaréis descanso para vuestra alma". Mas dijeron: "No andaremos" (comp. Éx. 3:15; Jc. 2.17; 1 Re. 8:57-58; Sal. 78:1-6).*

> *2 Cr. 35:25 (NVI) - Jeremías compuso un lamento por la muerte de Josías; además, hasta este día todos los cantores y las cantoras aluden a Josías en sus cantos fúnebres. Estos cantos, que se han hecho populares en Israel, forman parte de las Lamentaciones (comp. Gn. 32:32; Jc. 11:38-40).*

Jr. 35:14-19 - *"Fue firme la palabra de Jonadab hijo de Recab, el cual mandó a sus hijos que no bebiesen vino, y no lo han bebido hasta hoy, por obedecer al mandamiento de su padre; y yo os he hablado a vosotros desde temprano y sin cesar, y no me habéis oído. [15] Y envié a vosotros todos mis siervos los profetas, desde temprano y sin cesar, para deciros: 'Volveos ahora cada uno de vuestro mal camino, y enmendad vuestras obras, y no vayáis tras dioses ajenos para servirles, y viviréis en la tierra que di a vosotros y a vuestros padres;' mas no inclinasteis vuestro oído, ni me oísteis. [16] Ciertamente los hijos de Jonadab hijo de Recab tuvieron por firme el mandamiento que les dio su padre; pero este pueblo no me ha obedecido. [17] Por tanto, así ha dicho Jehová Dios de los ejércitos, Dios de Israel: He aquí traeré yo sobre Judá y sobre todos los moradores de Jerusalén todo el mal que contra ellos he hablado; porque les hablé, y no oyeron; los llamé, y no han respondido". [18] Y dijo Jeremías a la familia de los recabitas: "Así ha dicho Jehová de los ejércitos, Dios de Israel: Por cuanto obedecisteis al mandamiento de Jonadab vuestro padre, y guardasteis todos sus mandamientos, e hicisteis conforme a todas las cosas que os mandó; [19] por tanto, así ha dicho Jehová de los ejércitos, Dios de Israel: No faltará de Jonadab hijo de Recab un varón que esté en mi presencia todos los días".*

2. Una tradición divina es algo maravilloso, pero no toda tradición es divina.

Si bien el Dios de Abraham y del éxodo, el Todopoderoso, instruyó a su pueblo para ser formado por una tradición de su propia invención, está claro en las Escrituras que podemos crear tradiciones que no son divinas, que ciertamente son irreverentes y poco útiles. Toda tradición debe ser juzgada por su fidelidad a las Escrituras y por su utilidad para ayudar a las personas a ser fieles a Cristo.[6] En los Evangelios Jesús frecuentemente reprende a los fariseos porque establecían tradiciones que anulaban los mandamientos en vez de respetarlos. La tradición, en sí misma, no puede ser aceptada sin un análisis crítico, sin una evaluación bíblica y sin un discernimiento espiritual.

---

[6] "Todos los protestantes insisten en que estas tradiciones nunca deben estar en contra de las Escrituras y que nunca pueden poseer una autoridad apostólica independiente que esté junto o por encima de las Escrituras". ~ J. Van Engen, "Tradition", *Evangelical Dictionary of Theology*, Walter Elwell, Gen. ed. Nosotros agregaríamos que la Escritura en sí misma es la "tradición autoritaria" pr la cual todas las otras tradiciones son juzgadas. Véase página 42 para más comentarios al respecto.

Mc. 7:8 - *Porque dejando el mandamiento de Dios, os aferráis a la tradición de los hombres (comp. Mt. 15:2-6; Mc. 7:13).*

Col. 2:8 - *Mirad que nadie os engañe por medio de filosofías y huecas sutilezas, según las tradiciones de los hombres, conforme a los rudimentos del mundo, y no según Cristo.*

3. **Sin la plenitud del Espíritu y la constante edificación que nos brinda la Escritura, la tradición nos conduciría meramente a un formalismo muerto.**

Aquellos que son espirituales están llenos del Espíritu Santo, cuyo poder y dirección provee a los individuos y las congregaciones una sensación de libertad y vitalidad en todo lo que practican y creen. Sin embargo, cuando las prácticas y las enseñanzas de una tradición ya no son fusionadas por el poder del Espíritu Santo y la Palabra de Dios, la tradición pierde su eficacia; y de hecho puede llegar a ser contraproducente para nuestro discipulado cristiano.

Ef. 5:18 - *No os embriaguéis con vino, en lo cual hay disolución; antes bien sed llenos del Espíritu.*

Gál. 5:22-25 - *Mas el fruto del Espíritu es amor, gozo, paz, paciencia, benignidad, bondad, fe, [23] mansedumbre, templanza; contra tales cosas no hay ley. [24] Pero los que son de Cristo han crucificado la carne con sus pasiones y deseos. [25] Si vivimos por el Espíritu, andemos por el Espíritu.*

2 Cor. 3:5-6 - *No que seamos competentes por nosotros mismos para pensar algo como de nosotros mismos, sino que nuestra competencia proviene de Dios, [6] el cual asimismo nos hizo ministros competentes de un nuevo pacto, no de la letra, sino del espíritu; porque la letra mata, más el espíritu vivifica.*

4. **La fidelidad a la tradición apostólica (enseñar y modelar) es la esencia de la madurez cristiana.**

El principio de "apostolicidad" respaldó toda la teología, la adoración, el discipulado y la misión de la iglesia antigua indivisible. El principio, simplemente, es que *sólo lo que se puede comprobar que sea de origen apostólico, respaldado por la tradición apostólica y utilizado por las iglesias apostólicas, se puede considerar como autoridad para la Iglesia de Jesucristo.* La esencia de la ortodoxia histórica, la autenticidad canónica (es decir, los libros de la Biblia reconocidos por la Iglesia como parte de las Sagradas Escrituras), y la madurez cristiana, están alineadas con lo que los apóstoles, testigos presenciales de la gloria de Jesús, enseñaron, vivieron, hablaron y delegaron.

> *2 Tim. 2:2 - Lo que has oído de mí ante muchos testigos, esto encarga a hombres fieles que sean idóneos para enseñar también a otros.*

> *1 Cor. 11:1-2 - Sed imitadores de mí, como yo de Cristo. [2] Os alabo, hermanos, porque en todo os acordáis de mí, y retenéis las instrucciones tal como os las entregué (comp. 1 Cor. 4:16-17, 2 Tim. 1:13-14, 2 Tes. 3:7-9, Flp. 4:9).*

> *1 Cor. 15:3-8 - Porque primeramente os he enseñado lo que asimismo recibí: Que Cristo murió por nuestros pecados, conforme a las Escrituras; [4] y que fue sepultado, y que resucitó al tercer día, conforme a las Escrituras; [5] y que apareció a Cefas, y después a los doce. [6] Después apareció a más de quinientos hermanos a la vez, de los cuales muchos viven aún, y otros ya duermen. [7] Después apareció a Jacobo; después a todos los apóstoles; [8] y al último de todos, como a un abortivo, me apareció a mí.*

5. El apóstol Pablo a menudo apela a la tradición para apoyar las prácticas doctrinales.

Si bien nadie puede o debe apelar a la tradición como la inviolable voluntad del Señor, es evidente que los apóstoles comprendieron el valor del papel que ellos desempeñaban en dirigir a la Iglesia y bendecir al pueblo de Dios. Su apelación a su enseñanza y a la tradición oral y escrita que circuló a través de las iglesias, fueron usadas como una guía para el consejo personal y congregacional, y para el mismo liderazgo. Pablo no tenía ningún problema con la autenticidad canónica; y la madurez cristiana estaba alineada con lo que los apóstoles enseñaron, vivieron, hablaron y delegaron.

> *1 Cor. 11:16 - Con todo eso, si alguno quiere ser contencioso, nosotros no tenemos tal costumbre, ni las iglesias de Dios (comp. 1 Cor. 1:2, 7:17, 15:3).*

1 Cor. 14:33-34 - Pues Dios no es Dios de confusión, sino de paz. Como en todas las iglesias de los santos, [34] vuestras mujeres callen en las congregaciones; porque no les es permitido hablar, sino que estén sujetas, como también la ley lo dice.

2 Tes. 2:14-17 - A lo cual os llamó mediante nuestro evangelio, para alcanzar la gloria de nuestro Señor Jesucristo. [15] Así que, hermanos, estad firmes, y retened la doctrina que habéis aprendido, sea por palabra, o por carta nuestra. [16] Y el mismo Jesucristo Señor nuestro, y Dios nuestro Padre, el cual nos amó y nos dio consolación eterna y buena esperanza por gracia, [17] conforte vuestros corazones, y os confirme en toda buena palabra y obra.

6. Cuando una congregación usa una tradición que fue recibida para permanecer fiel a la "Palabra de Dios", ésta es elogiada por los apóstoles.

"La tradición recibida" no era fácilmente adoptada en las iglesias; tampoco se le daba la bienvenida sin verificar cuidadosamente las experiencias. La tradición de los apóstoles, es decir, su instrucción acerca de diferentes temas plasmados en sus epístolas, era un cuerpo vivo de enseñanzas, escritos, instrucciones y órdenes dadas a través de una correspondencia personal, de sus fieles representantes elegidos y de su propia consejería personalizada. La Iglesia primitiva no tenía un canon establecido del Nuevo Testamento; y le era tan difícil comunicarse entre una región y otra. Por eso, la permanencia en sus tradiciones, sean éstas verbales o escritas, era crucial para su *cuidado pastoral* en las iglesias. Cuando las asambleas eran fieles a sus mandamientos, los cuales eran consistentemente practicados y escuchados en toda la red apostólica de iglesias, éstas eran alabadas y estimuladas por los apóstoles.

1 Cor. 11:2 - Os alabo, hermanos, porque en todo os acordáis de mí, y retenéis las instrucciones tal como os las entregué.

2 Tes. 2:15 - Así que, hermanos, estad firmes, y retened la doctrina que habéis aprendido, sea por palabra, o por carta nuestra.

2 Tes. 3:6 - Pero os ordenamos, hermanos, en el nombre de nuestro Señor Jesucristo, que os apartéis de todo hermano que ande desordenadamente, y no según la enseñanza que recibisteis de nosotros.

2 Pe. 3:14-18 - Por lo cual, oh amados, estando en espera de estas cosas, procurad con diligencia ser hallados por él sin mancha e irreprensibles, en paz. [15] Y tened entendido que la paciencia de nuestro Señor es para salvación; como también nuestro amado hermano Pablo, según la sabiduría que le ha sido dada, os ha escrito, [16] casi en todas sus epístolas, hablando en ellas de estas cosas; entre las cuales hay algunas difíciles de entender, las cuales los indoctos e inconstantes tuercen, como también las otras Escrituras, para su propia perdición. [17] Así que vosotros, oh amados, sabiéndolo de antemano, guardaos, no sea que arrastrados por el error de los inicuos, caigáis de vuestra firmeza. [18] Antes bien, creced en la gracia y el conocimiento de nuestro Señor y Salvador Jesucristo. A él sea gloria ahora y hasta el día de la eternidad. Amén.

LOS FUNDADORES DE LA TRADICIÓN: TRES NIVELES DE AUTORIDAD CRISTIANA

Éx. 3:15 - Además dijo Dios a Moisés: "Así dirás a los hijos de Israel: 'Jehová, el Dios de vuestros padres, el Dios de Abraham, Dios de Isaac y Dios de Jacob, me ha enviado a vosotros.' Este es mi nombre para siempre; con él se me recordará por todos los siglos".

En el corazón de mi argumento, está el concepto de las *Raíces Sagradas* como una tradición divina. Esto incluye el presente depósito dado a nosotros por los apóstoles, junto con esas prácticas congruentes a las enseñanzas de los apóstoles, verificadas por las Sagradas Escrituras. En el estudio sobre el papel de la tradición y las *Raíces Sagradas*, es importante darse cuenta que tradición no es un término con un significado único e inequívoco. En realidad, en la historia vemos al menos tres entrelazados enfoques de la tradición: la tradición apostólica, la Gran Tradición y las específicas tradiciones históricas de la Iglesia.

1. *La tradición apostólica (o autoritativa): Las Escrituras canónicas de la Biblia, escritas por los apóstoles y los profetas, inspiradas por el Espíritu Santo.*

Ef. 2:19-21 - Así que ya no sois extranjeros ni advenedizos, sino conciudadanos de los santos, y miembros de la familia de Dios, [20] edificados sobre el fundamento de los apóstoles y profetas, siendo la principal piedra del ángulo Jesucristo mismo, [21] en quien todo el edificio, bien coordinado, va creciendo para ser un templo santo en el Señor.

~ El apóstol Pablo

La tradición apostólica se refiere a la totalidad de la enseñanza que resume la revelación bíblica de Dios en Cristo, incluyendo a los que dieron testimonio presencial de los hechos salvíficos de Yahvé, primeramente en Israel y, en última instancia, en Jesucristo el Mesías. Este testimonio vincula a todas las personas, en todo momento y en todo lugar. Es la tradición autoritativa por la cual son juzgadas todas las otras tradiciones. Las Sagradas Escrituras, inspiradas por el Espíritu Santo, son el pilar y la autoridad final para todas las cosas concernientes a la teología, la moral, la fe, la práctica, nuestra visión y nuestro deber. En todo lo relacionado con nuestro discipulado y nuestra esperanza, debemos reconocer y aceptar a las Escrituras canónicas como nuestra más alta prioridad; es decir, los textos que han sido divinamente autorizados en la historia de la Iglesia y su tema principal de estudio: la canónica historia de Dios, el drama del trino Dios en su obra de creación, la encarnación y re-creación a través de Cristo.

2. *La Gran Tradición: Los concilios ecuménicos y sus credos*

Lo que siempre se ha creído por todos y en todas partes.

~ Vicente de Lérins

La Gran Tradición es el dogma central (doctrina) de la Iglesia. Fue forjada en los concilios ecuménicos de la Iglesia cristiana, conocidos habitualmente como los siete primeros concilios, siendo los primeros cuatro de especial importancia para la fe. "Ecuménico" se refiere al alcance y la importancia de los concilios: fueron de importancia mundial. Convocados para líderes de la Iglesia y para todo creyente de aquella época. Representa la enseñanza de la Iglesia como lo ha entendido la tradición (autoritativa) apostólica (o las Sagradas Escrituras); y resumen las verdades esenciales que los cristianos de todas las épocas han confesado y creído. Toda la Iglesia (Católica, Ortodoxa y Protestante)[7] da su dictamen a estas declaraciones doctrinales, delineando de ellas lo que se considera ortodoxo o herético. La adoración y la teología de la Iglesia reflejan este dogma vital, que encuentra su cumplimiento en la persona y la obra de Jesucristo. Desde los primeros tiempos, los cristianos han expresado su devoción a Dios mediante su fidelidad a los credos y la Gran Tradición, encarnada en la observancia y práctica del calendario de la Iglesia, un patrón anual de culto que resume y recrea los eventos de la vida de Cristo.

La Gran Tradición (a veces llamada "la tradición cristiana clásica") es definida por Robert E. Webber de la siguiente manera:

> [Es] *el amplio bosquejo de la fe y práctica cristiana desarrollados a partir de las Escrituras entre el tiempo de Cristo y la mitad del siglo quinto.*

> ~ Webber. *The Majestic Tapestry.*
> Nashville: Thomas Nelson Publishers, 1986. p. 10.

Esta tradición es ampliamente confirmada tanto por los teólogos protestantes antiguos como por los modernos.

> *Así, estamos dispuestos a abrazar y reverenciar como algo sagrado los antiguos Concilios de Nicea, Constantinopla, el primero de Éfeso, Calcedonia y similares, que se celebraron para refutar los errores; en la medida en que se refieran a las doctrinas de la fe, porque no contienen nada sino la pura y genuina interpretación de la Escritura, que los santos Padres con prudencia espiritual adoptaron para aplastar a los enemigos de la religión que había surgido.*

> ~ Juan Calvino. *Institución.* IV, ix. 8.

---

[7] Incluso el lado más radical de la reforma protestante (anabautistas), que era el más renuente en aceptar los credos como instrumentos dogmáticos de fe, no estaba en desacuerdo con el contenido esencial que se encuentra en ellos. "Asumieron el Credo Apostólico—lo llamaron 'la Fe', Der Glaube, al igual que la mayoría de la gente". Vea John Howard Yoder, *Preface to Theology: Christology and Theological Method*, (Grand Rapids: Brazos Press, 2002), págs. 222-223.

. . . la mayor parte de lo que es perdurablemente valioso en la exégesis bíblica contemporánea, fue descubierto en el siglo quinto.

~ Thomas C. oden. *The Word of Life.*
San Francisco: HarperSanFrancisco, 1989. p. xi.

Los primeros cuatro concilios son, con mucho, los más importantes, ya que establecieron la fe ortodoxa acerca de la trinidad y la encarnación.

~ Philip Schaff. *The Creeds of Christendom* Vol. 1.
Grand Rapids: Baker Book House, 1996. p. 44.

Nuestra referencia a los concilios ecuménicos y los credos, por lo tanto, se centra en los concilios que mantienen un acuerdo generalizado dentro de la Iglesia, entre católicos, ortodoxos y protestantes. Si bien católicos y ortodoxos tienen un acuerdo común en los primeros siete concilios, los protestantes tienden a afirmar y utilizar principalmente los primeros cuatro. Por lo tanto, los concilios que siguen siendo compartidos por toda la Iglesia se completaron con el Concilio de Calcedonia en el año 451.

Cabe señalar que cada uno de estos cuatro concilios ecuménicos tuvo lugar en un contexto cultural pre-europeo y que ninguno de ellos se llevó a cabo en Europa. Fueron concilios de toda la Iglesia y reflejan una época en la que el cristianismo era principalmente una religión oriental. Según los cálculos modernos, sus participantes eran africanos, asiáticos y europeos. Los concilios reflejaron una iglesia que ". . . tiene sus raíces en culturas muy distantes de Europa, que precedieron al desarrollo de la identidad europea moderna, y [de las que] algunos de sus más grandes pensadores han sido africanos" (Oden, *The Living God*, San Francisco: HarperSanFrancisco, 1987, p. 9).

Tal vez el logro más importante de los concilios fue la creación de lo que hoy es comúnmente llamado el Credo Niceno. Sirve como un resumen de la fe cristiana en el que católicos, ortodoxos y cristianos protestantes pueden estar de acuerdo.

Los primeros cuatro concilios ecuménicos se resumen en el siguiente cuadro:

Nombre/Fecha/Lugar	Propósito	
Primer Concilio Ecuménico 325 D.C. Nicea, Asia Menor	Defenderse de:	El Arrianismo
	Pregunta contestada:	¿Jesús era Dios?
	Acción:	Fue desarrollada la forma inicial del Credo Niceno para que sirviera como un resumen de la fe cristiana
Segundo Concilio Ecuménico 381 D.C. Constantinopla, Asia Menor	Defenderse de:	El Macedonianismo
	Pregunta contestada:	¿Es el Espíritu Santo una parte personal e igual a la Deidad?
	Acción:	El Credo Niceno fue finalizado, al ampliarse el artículo que trata con el Espíritu Santo
Tercer Concilio Ecuménico 431 D.C. Éfeso, Asia Menor	Defenderse de:	Nestorianismo
	Pregunta contestada:	¿Es Jesucristo tanto Dios como hombre en una misma persona?
	Acción:	Definió a Cristo como la Palabra de Dios encarnada, y afirmó a su Madre María como **theotokos** (portadora de Dios)
Cuarto Concilio Ecuménico 451 D.C. Calcenonia, Asia Menor	Defenderse de:	El Monofisismo
	Pregunta contestada:	¿Puede Jesús ser Dios y hombre a la vez?
	Acción:	Explicó la relación entre las dos naturalezas de Jesús (humano y Divino)

Mientras que la Gran Tradición sirve como regla hermenéutica para la Iglesia a través de los siglos, no debe ser confundida o vista como un sustituto de la tradición apostólica, es decir, las Escrituras canónicas. La Gran Tradición sirve como un resumen articulado de la enseñanza de los apóstoles y profetas de la Biblia y, en ese sentido, es un lente hermenéutico valioso y esencial para medir la autenticidad y la ortodoxia de las diferentes teologías y prácticas que puedan surgir en el culto y la obra de la Iglesia.

3. Tradiciones específicas de la Iglesia: Los fundadores de denominaciones y órdenes

La Iglesia Presbiteriana (EE.UU.) tiene aproximadamente 2.5 millones de miembros, 11,200 congregaciones y 21,000 ministros ordenados. Los presbiterianos trazan su historia hasta el siglo 16 y la Reforma Protestante. Nuestra herencia y gran parte de lo que creemos, se inició con el abogado francés Juan Calvino (1509-1564), cuyos escritos cristalizaron gran parte del pensamiento reformado que vino antes que él.

~ La Iglesia Presbiteriana, EE.UU.

Esta declaración es un ejemplo de la tradición de una iglesia específica que se coloca en el "árbol genealógico" de la santa, católica (universal) y apostólica Iglesia. Los cristianos han expresado su fe en Cristo de diversas maneras a través de movimientos que abrazan la tradición apostólica y la Gran Tradición.

Por ejemplo, movimientos católicos han surgido alrededor de gente como Benedicto, Francisco o Dominico; y entre los protestantes gente como Martín Lutero, Juan Calvino, Ulrico Zwinglio y Juan Wesley. Mujeres han fundado movimientos vitales de la fe cristiana (por ejemplo, Aimee Semple McPherson, de la Iglesia del Evangelio Cuadrangular); así como las minorías (por ejemplo, Richard Allen, de la Iglesia Episcopal Metodista Africana, o Charles H. Mason, de la Iglesia de Dios en Cristo, quien también contribuyó a iniciar las Asambleas de Dios). Todos ellos trataron de expresar la tradición autoritativa y la Gran Tradición de una manera específica de acuerdo a su época.

El surgimiento de importantes y dinámicos movimientos de fe en diferentes épocas y diferentes pueblos, revelan la obra poderosa del Espíritu Santo en toda la historia. Así, dentro del catolicismo han surgido nuevas comunidades, tales como los benedictinos, franciscanos y dominicos; y fuera del catolicismo surgieron nuevas denominaciones como los luteranos, presbiterianos, metodistas, Iglesia de Dios en Cristo, etc. Cada una de estas tradiciones específicas tiene "fundadores", líderes clave cuya visión ayudó a establecer una expresión única de fe y prácticas cristianas. Por supuesto, para ser legítimos, estos movimientos deben estar fielmente adheridos tanto a la tradición apostólica como a la Gran Tradición. Los miembros de estas tradiciones específicas abrazan sus propias prácticas y patrones únicos de espiritualidad, pero estas características no están necesariamente vinculadas con la Iglesia en general. Representan las expresiones de aquél entendimiento de la comunidad y su fidelidad a la gran tradición apostólica.

Las tradiciones específicas buscan expresar y vivir esta fidelidad a la tradición apostólica y la Gran Tradición a través de su adoración, enseñanza y servicio. Tratan de aclarar el evangelio dentro de las nuevas culturas o subculturas, de hablar y modelar la esperanza de Cristo dentro de nuevas situaciones, a través de un compendio de preguntas formuladas a la luz de sus circunstancias únicas. Estos movimientos, por lo tanto, buscan contextualizar la tradición autoritativa de forma fiel y eficaz, para llevar a nuevos grupos hacia la fe cristiana e incorporar a los creyentes dentro de la comunidad de fe, la cual obedece a las enseñanzas de Cristo y da testimonio de Él a los demás.

No tiene por qué haber conflicto entre estos tres sentidos de tradición -la apostólica, la Gran Tradición y las tradiciones específicas-, que nos han llegado a través de la historia de la Iglesia. Lo esencial es que, para la Iglesia, la palabra final de Dios ha llegado a nosotros a través de Jesucristo (Heb. 1:1-4), de cuyos testigos fueron los apóstoles que hablaron de lo que vieron y de lo que esos eventos significaron (ej., 1 Jn. 1:1-4; Lc. 1:1-4), y que la Iglesia ha sido fiel a ese testimonio desde el principio (es decir, la Gran Tradición).

TRANSMITA LA VERDAD DE JESÚS

Esta visión del papel de las tradiciones nos ayuda a entender por qué las *Raíces Sagradas* pueden ser tan útiles para el desarrollo del liderazgo, el discipulado y el crecimiento congregacional. Todos nosotros hemos heredado el mensaje básico del amor de Dios en Cristo y hemos tratado de transmitirlo a los demás de una manera que sea fiel al original, y que refleje con exactitud la enseñanza misma de los creyentes a través de la historia de la Iglesia.

En nuestro próximo capítulo exploraremos la importancia que la tradición tiene para nuestra espiritualidad, el tipo de peregrinación espiritual que podríamos compartir juntos en nuestra vida familiar y congregacional.

CAPÍTULO 4

UN SEÑOR, UNA FE

Raíces Sagradas y Espiritualidad Compartida

Ahora tenemos una idea clara de los diferentes sentidos de la "tradición" en la Iglesia. Tenemos la tradición apostólica (el testimonio de los apóstoles en las Sagradas Escrituras), la Gran Tradición (el resumen y la defensa de la tradición apostólica en los concilios y credos), y las diferentes tradiciones (denominaciones o asociaciones) que se han formado a lo largo de la historia de la Iglesia. En medio de tal diversidad y diferencia, ¿cómo podemos evitar la confusión y la división?

Durante mis años de estudio con los Testigos de Jehová (antes de que yo confesara a Jesucristo como Señor), uno de las los debates preferidos de ellos con cristianos, era la realidad de la división y la confusión denominacional. Su doctrina de "mente organizacional" fue su respuesta a la alienación protestante y a la fisura católica y ortodoxa. Mientras que su doctrina de "mente organizacional" era sin sentido de conformidad a la más reciente doctrina y práctica de los Testigos de Jehová, recuerdo sus largos monólogos acerca de las contiendas dentro de la Iglesia visible, y cómo esta división era contraria a la unidad de los creyentes predicada por Cristo y los apóstoles. Mientras el motivo y el análisis eran equivocados e ilógicos, ellos habían ordinariamente categorizado a los cristianos con los que charlaban como personas inútiles que estaban a su merced. ¿Por qué existe tanta confusión, alienación y locura en las más de 20,000 denominaciones protestantes, mientras que, al mismo tiempo, cada una de ellas aún afirman ser el "verdadero heredero apostólico" de la iglesia del Nuevo Testamento?

LA UNIDAD DE LA FE:
ESPIRITUALIDAD COMPARTIDA EN MENTE Y OBRA

Aunque la noción de los Testigos de Jehová acerca de la unidad de la iglesia es poco más que un unánime concepto religioso, su crítica acerca de nuestra falta de visión y espiritualidad compartida es reveladora. Nuestra comprensión de las *Raíces Sagradas* ofrece una manera de reafirmar nuestro legado y patrimonio común, que sostiene la histórica fe ortodoxa. Tal como lo afirmamos en el capítulo anterior, ser cristiano es pertenecer a la tradición de los apóstoles (*parádosis*, del griego "dar más", ya sea de palabra o por escrito, es decir, tradición, la enseñanza transmitida de un grupo a otro). Abrazamos como verdad cada palabra de los testigos oculares de Jesucristo; y tratamos de encarnar y transmitir fielmente a los demás el depósito de la fe que nos fue dado por ellos. Esa es nuestra fe, nuestra esperanza y nuestra vida.

Una de las implicaciones más claras de la *Raíces Sagradas* es su apelación a las distintas tradiciones y expresiones de la fe bíblica para reafirmar nuestro legado común de fe. Cuanto más entendamos que todas las tradiciones (católica romana, ortodoxa, anglicana y tradiciones protestantes) comparten el mismo conjunto de creencias y prácticas basadas en las Escrituras canónicas, podremos reconectar nuestros trasfondos espirituales con la historia de Dios y entre unos y otros. Se debe admitir totalmente como ingenuo e indeseable pensar que podemos borrar los efectos del tiempo, o pretender que las diferencias de las tradiciones sobre asuntos diversos puedan ser fácilmente resueltas. Sin embargo, también debemos sostener que las Escrituras, a través de la narrativa de Dios acerca de la historia, afirman nuestra visión común del mundo como producto del acto creativo de Dios y de la salvación como resultado de la redención de su Hijo Jesucristo, nuestro Señor. A medida que todos nos reconectamos con la "tradición que está detrás de otras tradiciones", podemos rearticular el poder de nuestra fe en su más pura y clara expresión.

¿Por qué es importante para todo discípulo de Jesús que obtenga y defienda la fe verdadera que nos fue dada por los apóstoles? Creo que la razón más clara es dada por el apóstol Pablo en Efesios 4, donde él afirma como un hecho y verdad la unidad de nuestra fe y práctica, como amantes y seguidores de Jesús.

Ef. 4:1-6 - Yo pues, preso en el Señor, os ruego que andéis como es digno de la vocación con que fuisteis llamados, [2] con toda humildad y mansedumbre, soportándoos con paciencia los unos a los otros en amor, [3] solícitos en guardar la unidad del Espíritu en el vínculo de la paz; [4] un cuerpo, y un Espíritu, como fuisteis también llamados en una misma esperanza de vuestra vocación; [5] un Señor, una fe, un bautismo, [6] un Dios y Padre de todos, el cual es sobre todos, y por todos, y en todos.

Pablo exhorta a los efesios a que anden como es digno de su profesión, con toda mansedumbre y humildad, viviendo en amor y siendo controlados por el Espíritu Santo en el vínculo de la paz. Luego, él proporciona una serie de afirmaciones acerca de la unidad de nuestra fe en Cristo.

Primero, hay un cuerpo, el cuerpo de Cristo, dentro del cual el Espíritu Santo ha bautizado a todos los verdaderos creyentes, haciendo a todos beber de un solo Espíritu (1 Cor. 12:13). Luego, hay un solo Espíritu, sin el cual nadie puede dar testimonio de que Jesús es el Señor (1 Cor. 12:.4), ni afirmar que pertenecen a Cristo (Rom. 8:7). Sólo tenemos una esperanza, la bendita esperanza de nuestro Dios y Salvador Jesucristo, quien volverá para consumar su obra (Ti. 2:14). Sólo hay un Señor, Jesucristo (1 Cor. 8:2-3), una sola fe, nuestra confianza en el evangelio de la salvación en Cristo (1 Cor. 15:1-8), un solo bautismo, en el nombre del Padre, del Hijo y del Espíritu Santo (Mt. 28:19), y un solo Dios y Padre de todos, el Dios y Padre de nuestro Señor Jesucristo y el autor de nuestra redención (2 Tim. 1:8-9).

Esta clara enseñanza de Pablo manifiesta el carácter común de todos los que creen y de los que nunca han creído. Compartimos el ADN de Dios, somos redimidos por la misma sangre de nuestra verdadera pascua y hemos recibido el perdón del mismo sacrificio para la humanidad. Confesamos el mismo credo en el mismo altar, invocando el nombre del mismo Señor que salva a todos los que le claman. Somos transformados a la misma imagen de aquél a quien contemplamos y obedecemos; y servimos al mismo evangelio mediante nuestro testimonio del amor de Dios en Cristo a nuestra familia, amigos y vecinos. Compartimos las mismas dificultades y persecuciones por causa del evangelio; y morimos con la misma esperanza que tienen todos los que están en el Señor. Y muy pronto, vamos a experimentar la misma revelación de nuestro Señor

Jesucristo, la misma transformación en la inmortalidad; y todos los que hayamos muerto experimentaremos la misma resurrección en su nombre. Nuestro destino es compartir la misma gloria en los cielos, donde Cristo reinará como Señor para siempre.

El canto tiene razón: "¡Somos uno en el Espíritu, somos uno en el Señor!"

He aquí una de las mejores razones por las que necesitamos redescubrir nuestras *Raíces Sagradas*. Debemos volver a nuestra herencia común de la fe ortodoxa histórica, a fin de defender apropiadamente la única y verdadera fe. *No podríamos posiblemente entender quiénes somos o lo que somos llamados a hacer, si descuidamos nuestras raíces históricas de la fe en Cristo.* Judas exhortó a los creyentes de su época a que, sobre todo, defendieran la fe que ellos como apóstoles habían dado a la Iglesia. "Amados, por la gran solicitud que tenía de escribiros acerca de nuestra común salvación, me ha sido necesario escribiros exhortándoos que contendáis ardientemente por la fe que ha sido una vez dada a los santos" (Judas 1:3). Incluso, en la época de los apóstoles, la fe verdadera ya había sido entregada por los apóstoles a los santos. Su tarea, como la nuestra, era conocerla, vivirla y luchar por ella.

Admitiendo que todos somos herederos y progenitores de una herencia espiritual común, se nos demanda que todos, independientemente de nuestra tradición, afirmemos que si somos una verdadera expresión de fe, somos herederos de lo que hemos recibido de los apóstoles y su testimonio presencial de Cristo. En otras palabras, tenemos que reafirmar nuestra afinidad con los credos y los concilios de nuestra fe (sobre todo los primeros cuatro concilios ecuménicos), en gran parte debido a que han sido considerados como la verdadera interpretación apostólica de la fe. Ser cristiano es ser el fruto del testimonio de los apóstoles. Lo que ellos afirmaron, lo que vieron, lo que declararon y proclamaron–esta es la verdadera fe.

Como algo aparte, esto es el por qué el cristianismo siempre será controvertido; afirmamos que la vida sólo se puede encontrar en Jesucristo y que sus testigos autoritativos son los apóstoles (1 Jn. 1:1-4; 5:10-13; Lc. 1:1-4). No se puede comprimir nuestra perspectiva teológica y doctrinal; nuestra fe no permite el pensamiento que dice que "todas las religiones son igualmente válidas".

Tendremos que dar la bienvenida al "escándalo de la particularidad", es decir, que la salvación eterna no es en ningún otro nombre que el de Jesús de Nazaret (Hch. 4:12). Nuestra confianza está en la última revelación de Dios en Cristo, de la cual testifican las Escrituras y afirman los credos y concilios.

MANTENERSE FIRME Y AFERRARSE A LA VIDA DE LA TRADICIÓN APOSTÓLICA

El argumento de este libro es este: a fin de renovar nuestro andar personal y corporativo en la iglesia contemporánea, debemos simplemente retornar y redescubrir nuestras *Raíces Sagradas*, es decir, las creencias, las prácticas y los compromisos básicos de la fe cristiana. Estas raíces no son para un grupo determinado, sino que son apreciadas y reconocidas por todos los creyentes en todas partes, en todo momento y por todo el mundo. Pablo exhortó a los Tesalonicenses: "Así que, hermanos, estad firmes, y retened la doctrina que habéis aprendido, sea por palabra, o por carta nuestra" (2 Tes. 2:15). Nuestras *Raíces Sagradas* sugieren necesariamente que todos los creyentes (sin importar dónde y cuándo hayan vivido) afirman su arraigo común en la obra salvadora de Dios, el mismo Señor creador, quien pactó con Israel, que se encarnó en Cristo y que está siendo atestiguado por su pueblo, la Iglesia. Esta historia es única. Los creyentes comparten una sola fe y esperanza, una espiritualidad cristiana común que ocurre en comunidad (Ef. 4:1-6).

Nuestro reconocimiento de nuestras *Raíces Sagradas* nos puede permitir, sea cual sea nuestra tradición, sentir empatía con nuestros hermanos y hermanas de otras tradiciones. Esta comprensión de nuestras raíces comunes puede reavivar la fuerza de las distintas celebraciones cristianas, tanto en nuestra vida personal como comunitaria. Reconociendo nuestras raíces compartidas, podemos empezar a redescubrir nuestra devoción común a Jesucristo, expresada por la comunidad mediante la liturgia, el sacramento (ordenanza) y el discipulado.

LAS VENTAJAS DE UNA ESPIRITUALIDAD COMPARTIDA ENSEÑADAS POR LA GRAN TRADICIÓN

Hay tres ventajas distintivas al compartir una espiritualidad enraizada en la Gran Tradición.

En primer lugar, tal espiritualidad fortalece nuestra identificación con Cristo y el pueblo de Dios a través del tiempo; y nos asegura formar parte de las raíces sagradas del árbol de olivo de la salvación de Dios. Pablo, al tratar de ayudar a los gentiles a entender su deuda respecto a la obra de Dios en Israel, compara la incorporación de ellos a la fe, en términos de ser injertados en el árbol de Dios.

> *Rom. 11:16-18 - Si las primicias son santas, también lo es la masa restante; y si la raíz es santa, también lo son las ramas. [17] Pues si algunas de las ramas fueron desgajadas, y tú, siendo olivo silvestre, has sido injertado en lugar de ellas, y has sido hecho participante de la raíz y de la rica savia del olivo, [18] no te jactes contra las ramas; y si te jactas, sabe que no sustentas tú a la raíz, sino la raíz a ti.*

Lo que Pablo está afirmando es que todo verdadero creyente es parte de un árbol continuo y orgánico de fe, que se inició en la promesa del Edén (Gn. 3:15), proclamada en la promesa de Dios a Abraham, Isaac y Jacob (Gn 12:3), profetizada a la tribu de Judá (Gn. 49), confirmada en David (2 Sm. 7) y cumplida en María (Lc. 1:30-33). Todos nosotros debemos vernos como injertos en el olivo de Dios, cuyas raíces son antiguas, más antiguas que el universo mismo, aseguradas por el propósito soberano de Dios. Independientemente de nuestro trasfondo o posición, compartimos la única y verdadera fe común del Dios Todopoderoso, la cual salva a los pueblos de la estirpe de Adán para sí mismo y para su gloria (Ef. 1:9-11).

Lo que esto significa es que cada discípulo lavado con la sangre de Jesús comparte con todos los otros cristianos de toda tribu, lengua, pueblo y nación, la misma esperanza fundamental y la misma vocación. Aunque podemos expresar nuestra lealtad a ese árbol de olivo mediante determinados distintivos litúrgicos, comunitarios y misionales, no obstante compartimos el mismo ADN espiritual y la misma historia. Pablo hace esta verdad notablemente clara cuando sugiere que todos los creyentes son, por fe, los hijos del fiel Abraham.

Rom. 4:16-17 - Por tanto, es por fe, para que sea por gracia, a fin de que la promesa sea firme para toda su descendencia; no solamente para la que es de la ley, sino también para la que es de la fe de Abraham, el cual es padre de todos nosotros. [17] (como está escrito: Te he puesto por padre de muchas gentes) delante de Dios, a quien creyó, el cual da vida a los muertos, y llama las cosas que no son, como si fuesen.

Ahora la historia de Dios se convierte en nuestra historia; y las raíces de la redención milagrosa se han convertido en nuestras *Raíces Sagradas*. Lo relatado por el Espíritu Santo se ha convertido en nuestra narrativa común; y continuamos esa historia como participantes a través de nuestra adoración y del discipulado en la Iglesia. Nuestras historias individuales de la vida se han convertido en una parte de una red muy grande de relatos que conforman la más grande historia de la Iglesia, que a su vez es parte de la gran historia de redención, amor y restauración de Dios. Ciertamente Abraham es el padre de todos nosotros, para que los que creemos "compartamos la fe de Abraham".

En segundo lugar, esta espiritualidad afirma que, ya que compartimos las mismas raíces y la misma historia como creyentes en todas partes a lo largo de todos los tiempos, pertenecemos a la misma Iglesia en todo el mundo. Estamos profundamente enriquecidos al saber que mientras profundicemos en la historia de Dios en el lugar donde estemos, realmente participamos de un reconocimiento del evangelio, afirmando nuestra posición en toda la comunidad cristiana mundial. Ahora podemos afirmar nuestro lugar en la familia de Dios. Compartimos con todos los creyentes, raíces, compromisos y visiones comunes. Seguimos nuestro *telos* (fin) particular, midiendo y marcando el tiempo a través de la obra creadora de Dios, de la formación de su pueblo y la salvación de su Iglesia. Hacemos un seguimiento de las fechas y marcamos el tiempo a través de nuestro calendario; siguiendo un guión de la historia que da forma a la vida de toda la Iglesia, con temas comunes, celebraciones, convocatorias, etc. Estamos anclados en un propósito común, armados con un tema y un enfoque común; y reafirmados por celebraciones y prácticas comunes, todo centrado en la persona y obra de Jesucristo.

Compartiendo esta visión integrada expresada en ritmos comunes (que son litúrgicos y misionales), abrazamos un programa común. Contamos nuestros días, semanas y meses juntos, mediante una disciplina y adoración espiritual. Esta unidad (que no es un mero ¡conformismo!) construye un nuevo y fresco sentido de comunidad. Estamos decididos como líderes y miembros por igual a vivir en respuesta a las verdades y los compromisos articulados por nuestra fe común. Mediante la teología, la adoración, el discipulado y la evangelización, vivimos y contamos la historia del fiel amor de Dios, esforzándonos por ser sus representantes y embajadores adondequiera que Dios nos lleve. Esta unidad fue afirmada por Pablo y los demás apóstoles, y expresada por Jesús a través de su oración sacerdotal a favor de su pueblo (comp. Jn 17).

Por último, esta espiritualidad intensifica nuestra pasión por la reproducción; permitiéndonos conocer lo que precisamente creemos, practicamos y hacemos, y lo que, por tanto, es digno de reproducir. Compartir una espiritualidad enraizada en la Gran Tradición deja claro qué es lo que esperamos reproducir en nuestro testimonio y nuestra misión. No se necesita estar a la moda o participar constantemente de muchas actividades, buscando siempre ser "innovador" e "interesante" (lo que sea que estas palabras puedan significar). Por el contrario, anclados en la única fe verdadera, podemos perseguir la verdad en nuestras vidas y en nuestro testimonio, tal cual es en Cristo (Ef. 4:17-24), confesando y promulgando la misma historia que se ha vivido y predicado en la Iglesia desde el principio. Ser realmente innovador es ser evidentemente original en el sentido de luchar por aquello que una vez fue entregado al pueblo de Dios (Judas 1:3).

En verdad, compartir una espiritualidad basada en la Gran Tradición, nos anima a innovar en una forma en que podamos esforzarnos por comunicar clara y convincentemente la fe que abrigamos con deleite. Esta noción de reproducción es claramente orgánica: nos reproducimos de acuerdo a nuestra especie. Génesis 1:11 - "Después dijo Dios: 'Produzca la tierra hierba verde, hierba que dé semilla; árbol de fruto que dé fruto según su género, que su semilla esté en él, sobre la tierra.' Y fue así". El principio espiritual de la cosecha es claro: usted obtiene el mismo tipo de lo que siembra (Gál. 6:7-8). Cuando todo está dicho y hecho, reproducimos lo que somos, no sólo lo que decimos (Lc. 6:39-40; 2 Tim. 2:2). Hacer misiones en un modo sensible a las *Raíces Sagradas*, es reproducir la misma fe, devoción y esperanza que fue experimentada y atesorada legítimamente por los mismos testigos desde el principio (2 Tim. 2:2).

Al articular el contenido de nuestra fe y práctica en las *Raíces Sagradas*, afirmamos que en el intercambio de una espiritualidad proveemos a los líderes y sus congregaciones modelos para una rápida reproducción. Sabiendo quiénes somos, qué creemos, cuáles son nuestros compromisos y cómo intentamos obtenerlos, este conocimiento y propósito nos ayuda a eliminar lo que no nos sirve y establecer una dirección clara, a medida que tratamos de ampliar nuestra influencia para el Reino en el nombre de Cristo. Honestamente, los Testigos de Jehová estaban equivocados al sugerir que nuestra accidentada historia de contiendas denominacionales eran prueba de que no éramos una "organización de Jehová". Una vaga conformidad a la autoridad religiosa, no es lo mismo que una confesión común de la Palabra, comiendo en la misma mesa. A pesar de nuestros fracasos y luchas, afirmamos a través de nuestra liturgia, nuestra formación espiritual y nuestro testimonio, que somos miembros de la comunión de los santos, *pueblo de la historia*. Compartiendo esta visión y esperanza, vivimos para dejar en claro la historia de Dios.

El siguiente capítulo, que pone fin a nuestra primera parte "Elaborando el Caso" de las *Raíces Sagradas*, es mi homenaje a la historia de Dios, que narra la historia como historia.

CAPÍTULO 5

RECURSOS PARA LA PARTE I, "ELABORANDO EL CASO"

La clave para recuperar nuestras raíces sagradas es nuestra fidelidad para leer y comprender la Biblia a través de los ojos de los apóstoles y los profetas. Ellos vieron a Jesús de Nazaret como el Mesías (ej., San Lucas 24:27, 44-48; San Juan 1:41-45; 5:39-40; etc.) y vieron las imágenes, los eventos, las instituciones, las profecías y la historia, como un testimonio de Cristo. La historia de Dios encuentra su sustancia y plenitud en la persona de Cristo; y el corazón de la adoración de la Iglesia primitiva y de la misión, era encarnar a Jesús y dar testimonio de él como el Cristo. Todos los gráficos mostrados aquí ponen en relieve esta hermenéutica (es decir, la forma de interpretación) de la Biblia, que revela cómo y de qué maneras la historia de Dios culmina en el Hijo de Dios, el Señor Jesucristo. Un gráfico que explica esta relación es *El Antiguo Testamento testifica de Cristo y Su Reino*, que muestra cómo el Antiguo Testamento anticipa y prefigura la persona de Cristo en múltiples dimensiones, ilustrado a través del Nuevo Testamento. La comprensión de las Escrituras como un drama individual (creación, encarnación, recreación) se encuentra en el corazón del redescubrimiento de nuestras raíces, anclado en la teología bíblica.

Otro recurso útil para obtener una comprensión de la estructura básica (argumento) del drama de Dios narrado en la Biblia, se llama *Érase una vez*. Se trata de un resumen de todo el drama bíblico en forma de historia, que resalta los principales hitos de la historia de Dios, tanto en el Antiguo como en el Nuevo Testamento. *Desde antes hasta después del tiempo* es otra manera de ver el drama de la historia, en términos de épocas o estructuras de tiempo. No para ser confundido con cualquier esquema dispensacional o de teología del pacto, este gráfico simplemente bosqueja los eventos básicos principales de la historia de Dios, a la luz del obrar de Dios en las diferentes épocas mencionadas en las Escrituras. Por último, *Jesús de Nazaret: La presencia del futuro,* muestra gráficamente la totalidad del inicio, el desarrollo y la conclusión del drama, centralizándose en la muerte y resurrección de Jesucristo. Es un recorrido que va desde la creación de todas las cosas, el pacto, la cruz, la Iglesia, hasta la consumación de la obra de Dios en Cristo en la Segunda venida. Todos estos gráficos están disponibles para la compra y/o para ser descargados en: *www.tumi.org/sacredroots.*

- El Antiguo Testamento testifica de Cristo y Su Reino
- Érase una vez: El drama cósmico a través de una narrativa bíblica del mundo
- Desde antes hasta después del tiempo
- Jesús de Nazaret: La presencia del futuro

EL ANTIGUO TESTAMENTO TESTIFICA DE CRISTO Y SU REINO

Cristo es visto en el AT:	Promesa y Cumplimiento del Pacto	Ley Moral	Cristofanías	Tipología	Tabernáculo, Festival y Sacerdocio Levítico	Profecía Mesiánica	Promesas de Salvación
Pasaje	Gn. 12.1-3	Mt. 5.17-18	Juan 1.18	1 Co. 15.45	Heb. 8.1-6	Mi. 5.2	Is. 9.6-7
Ejemplo	La Simiente Prometida del Pacto Abrahámico	La Ley dada en el Monte Sinaí	Comandante del Ejército del Señor	Jonás y el Gran Pez	Melquisedec, como Sumo Sacerdote y Rey	El Siervo Sufriente del Señor	El Linaje Justo de David
Cristo como	La Simiente de la Mujer	El Profeta de Dios	La Actual Revelación de Dios	El Antitipo del Drama de Dios	Nuestro Eterno Sumo Sacerdote	El Hijo de Dios que Vendrá	El Redentor y Rey de Israel
Ilustrado en	Gálatas	Mateo	Juan	Mateo	Hebreos	Lucas y Hechos	Juan y Apocalipsis
Propósito Exegético: Ver a Cristo	como el Centro del Drama Divino	como el Cumplimiento de la Ley	como quien Revela a Dios	como Antitipo de Tipos Divinos	en el Templo *cultus*	como el Verdadero Mesías	como el Rey que Viene
Cómo es Visto en el NT	Como Cumplimiento del Juramento de Dios	Como *telos* de la Ley	Como la Revelación Completa, final y Superior	Como Sustancia Detrás de la Historia	Como la Realidad Detrás de las Normas y Funciones	Como el Reino que está Presente	Como el que Gobernará sobre el Trono de David
Nuestra Respuesta en Adoración	Veracidad y Fidelidad de Dios	La Justicia Perfecta de Dios	La Presencia de Dios entre Nosotros	La Escritura Inspirada de Dios	La Ontología de Dios: su Reino como lo Principal y Determinante	El siervo Ungido y Mediador de Dios	La Respuesta Divina para Restaurar su Reino
Cómo es Vindicado Dios	Dios no Miente: Él Cumple su Palabra	Jesús Cumple Toda Justicia	La Plenitud de Dios se nos Revela en Jesús de Nazaret	El Espíritu Habló por los Profetas	El Señor ha Provisto un Mediador para la Humanidad	Cada Jota y Tilde escrita de Él se Cumplirá	El Mal Será Aplastado y la Creación será Restaurada

Rev. Dr. Don L. Davis. © 2008. The Urban Ministry Institute.

ÉRASE UNA VEZ

El drama cósmico a través de una narrativa bíblica del mundo

Rev. Dr. Don L. Davis. © 2009. The Urban Ministry Institute

La siguiente historia narra el testimonio de la Escritura acerca de la historia de Dios desde la creación hasta la re-creación. Este esquema, por definición, es tanto selectivo como representativo, y tiene por objeto proporcionar al lector un sentido global de la trama y el desarrollo de la historia bíblica. Comprender la Biblia como una narrativa continua desde la creación hasta la consumación, sigue el flujo teológico y lógico de la Palabra de Dios como una colección única, y corresponde a la exégesis de Cristo y sus apóstoles. Confiamos que, en la medida en que nos familiaricemos con esta trama y argumento, estaremos en una mejor posición para integrar su mensaje a nuestra teología, adoración y misión.

DESDE SIEMPRE Y PARA SIEMPRE, NUESTRO SEÑOR ES DIOS

Desde la eternidad, en ese misterio sin igual de la existencia antes de los siglos, nuestro trino Dios habitó en todo su perfecto esplendor en comunidad eterna como Padre, Hijo y Espíritu Santo, el YO SOY; mostrando sus atributos en perfecta relación eterna, en un sentido infinito de santidad, gozo y belleza. De acuerdo con su voluntad soberana, nuestro Dios se propuso por amor crear un universo en el que se revelara su esplendor; y un mundo en donde se mostrara su gloria y en el que un pueblo hecho a su imagen le sirviera, teniendo y disfrutando una relación con él, todo para su gloria.

QUIEN, COMO EL DIOS SOBERANO, CREÓ UN MUNDO QUE, EN ÚLTIMA INSTANCIA, SE REBELARÍA CONTRA SU GOBIERNO

Inflamado por la lujuria, la codicia y el orgullo, la primera pareja humana se rebeló contra la voluntad de Dios, engañados por el gran príncipe, Satanás, cuya diabólica conspiración para suplantar a Dios como gobernante de todos resultó en un sinnúmero de seres angelicales que se resistían a la divina voluntad de Dios en los cielos. A través de la desobediencia de Adán y Eva, se expusieron a sí mismos a la miseria y la muerte, junto a sus herederos; y a través de su rebelión condujeron a la creación hacia el caos, el sufrimiento y la maldad. Por el pecado y la rebelión, la unión entre Dios y la creación se perdió; y ahora todas las cosas están sujetas a los efectos de esta gran caída de alienación, separación y condena, convirtiéndose en la subyacente realidad de todas las cosas. Ningún ángel, ser humano o criatura puede resolver este dilema; y sin la intervención directa de Dios, todo el universo, el mundo y sus criaturas, estarían perdidos.

SIN EMBARGO, EN SU MISERICORDIA Y BONDAD, EL SEÑOR DIOS PROMETIÓ ENVIAR UN SALVADOR PARA REDIMIR A SU CREACIÓN

A través de un pacto soberano de amor, Dios determinó remediar los efectos de la rebelión del universo mediante el envío de un campeón, su único Hijo, quien tomaría el lugar de Adán y Eva, derrocando al pecado que les separaba de Dios y sufriendo en lugar de toda la humanidad por causa de su pecado y desobediencia. Así, a través de su fidelidad al pacto, Dios se involucró directamente en la historia humana por el bien de su salvación. El Señor Dios toma parte en su creación en aras de restaurarla, para acabar con el mal de una vez por todas y para establecer un pueblo del cual su campeón vendría a establecer su reinado en este mundo una vez más.

POR LO TANTO, ÉL LEVANTÓ UN PUEBLO DEL CUAL VENDRÍA EL GOBERNADOR

Y así, a través de Noé, él salva al mundo de su propio mal. Por medio de Abraham selecciona el clan del cual vendría la semilla. A través de Isaac, él continúa la promesa a Abraham; y a través de Jacob (Israel) establece su nación, identificando la tribu de la cual vendría dicha nación (Judá). A través de Moisés Dios saca a su pueblo de la opresión y les da su ley del pacto; y por medio de Josué trae a su pueblo a la tierra prometida. Luego, a través de los jueces y líderes él vigiló a su pueblo; y por medio de David, pactó para traer un rey de su propio clan que reinaría para siempre. A pesar de su promesa, sin embargo, su pueblo rompía dicho pacto una y otra vez. Su obstinado y persistente rechazo al Señor, les condujo finalmente a un juicio como nación, a la invasión, la destrucción y al cautiverio. Misericordiosamente, Dios se acuerda de su pacto y permite que un remanente regrese, para que no se acabara la promesa y la historia.

QUIEN, COMO CAMPEÓN, BAJÓ DEL CIELO EN EL TIEMPO OPORTUNO, VENCIENDO A TRAVÉS DE LA CRUZ

Ocurrieron unos cuatrocientos años de silencio. Sin embargo, en el cumplimiento del tiempo, Dios cumplió su promesa del pacto al entrar a este reino maligno de sufrimiento a través de la encarnación. En la persona de Jesús de Nazaret, Dios bajó del cielo y vivió entre nosotros, mostrando la gloria del Padre, cumpliendo los requerimientos de la ley moral de Dios y ejerciendo el poder del Reino de Dios a través de sus palabras, sus obras y al echar demonios. En la cruz él llevó nuestra rebelión, destruyó la muerte, venció al diablo y resucitó al tercer día para restaurar a la creación de la caída, para poner fin al pecado, a la enfermedad y la guerra, y para otorgar vida eterna a todos los que abrazan su salvación.

Y, MUY PERO MUY PRONTO, ÉL VOLVERÁ A ESTE MUNDO Y HARÁ NUEVAS TODAS LAS COSAS

Ascendido a la diestra del Padre, el Señor Jesucristo ha enviado el Espíritu Santo al mundo, formando un pueblo nuevo compuesto por judíos y gentiles, la Iglesia. Comisionado bajo su liderazgo, su pueblo testifica del evangelio de la reconciliación a toda la creación, mediante sus palabras y acciones; y cuando ellos hayan terminado su tarea, él volverá en gloria y completará su obra a favor de toda la creación y sus criaturas. Pronto, él extinguirá al pecado, la maldad, la muerte y los efectos de la maldición para siempre; y restaurará toda la creación a su verdadero estado, refrescando todas las cosas en un cielo nuevo y tierra nueva, donde todos los seres y toda la creación gozarán del *shalom* del Dios trino por siempre, para su gloria y honor.

Y LOS REDIMIDOS VIVIRÁN FELICES POR SIEMPRE . . . Fin.

DESDE ANTES HASTA DESPUÉS DEL TIEMPO

El plan de Dios y la historia humana

Rev. Dr. Don L. Davis. © 2005. The Urban Ministry Institute. Adaptado de Suzanne de Dietrich, *Revelación del Propósito de Dios* (Philadelphia: Westminster Press, 1976).

I. Antes del tiempo (eternidad pasada)

*1 Cor. 2:7 - Más hablamos sabiduría de Dios en misterio, la sabiduría oculta, la cual **Dios predestinó antes de los siglos** para nuestra gloria (comp. Tito 1:2).*

A. El eterno Dios trino
B. El propósito eterno de Dios
C. El misterio de la iniquidad
D. Los principados y potestades

II. El inicio del tiempo (creación y caída)

*Gn. 1:1 - **En el principio,** Dios creó los cielos y la tierra.*

A. La Palabra creativa
B. La humildad
C. La caída
D. El reinado de la muerte y primeras señales de la gracia

III. El desarrollo de los tiempos (el plan de Dios revelado a través de Israel)

*Gál. 3:8 - Y la Escritura, previendo que Dios había de justificar por la fe a los gentiles, **dio de antemano la buena nueva a Abraham**, diciendo: "En ti serán benditas todas las naciones" (comp. Rom. 9:4-5).*

A. La promesa (patriarcas)
B. El éxodo y el pacto del Sinaí
C. La tierra prometida
D. La ciudad, el templo y el trono
(profeta, sacerdote y rey)
E. El exilio
F. El remanente

IV. La plenitud del tiempo (encarnación del Mesías)

*Gál. 4:4-5 - **Pero cuando vino el cumplimiento del tiempo,** Dios envió a su Hijo, nacido de mujer y nacido bajo la ley, para que redimiese a los que estaban bajo la ley, a fin de que recibiésemos la adopción de hijos.*

A. El Rey viene a su Reino
B. La realidad presente de su Reino
C. El secreto del Reino:
   El ya pero todavía no
D. El Rey crucificado
E. El Señor resucitado

V. Los últimos tiempos (derramamiento del Espíritu Santo)

*Hch. 2:16-18 - Más esto es lo dicho por el profeta Joel: **'"Y en los postreros días,'** dice Dios, 'derramaré de mi Espíritu sobre toda carne, y vuestros hijos y vuestras hijas profetizarán, vuestros jóvenes verán visiones, y vuestros ancianos soñarán sueños; y de cierto sobre mis siervos y sobre mis siervas en aquellos días derramaré de mi Espíritu, y profetizarán'".*

A. En medio de los tiempos: La Iglesia como el anticipo del Reino
B. La Iglesia como el agente del Reino
C. El conflicto entre los reinos de la luz y las tinieblas

VI. El cumplimiento de los tiempos (el retorno de Cristo)

*Mt. 13:40-43 - De manera que como se arranca la cizaña, y se quema en el fuego, **así será en el fin de este siglo**. Enviará el Hijo del Hombre a sus ángeles, y recogerán de su Reino a todos los que sirven de tropiezo, y a los que hacen iniquidad, y los echarán en el horno de fuego; allí será el lloro y el crujir de dientes. Entonces los justos resplandecerán como el sol en el reino de su Padre. El que tiene oídos para oír, oiga.*

A. La Segunda venida de Cristo
B. El Juicio
C. La consumación de Su Reino

VII. *Después del tiempo (eternidad futura)*

*1 Cor. 15:24-28 - **Luego el fin,** cuando entregue el reino al Dios y Padre, cuando haya suprimido todo dominio, toda autoridad y potencia. Porque preciso es que él reine hasta que haya puesto a todos sus enemigos debajo de sus pies. Y el postrer enemigo que será destruido es la muerte. Porque "todas las cosas las sujetó debajo de sus pies". Y cuando dice que "todas las cosas han sido sujetadas a él", claramente se exceptúa aquel que sujetó a él todas las cosas. Pero luego que todas las cosas le estén sujetas, entonces también el Hijo mismo se sujetará al que le sujetó a él todas las cosas, para que Dios sea todo en todos.*

A. El Reino entregado a Dios el Padre
B. Dios como el todo en todo

JESÚS DE NAZARET

La presencia del futuro

Rev. Dr. Don L. Davis. © 2004. The Urban Ministry Institute.

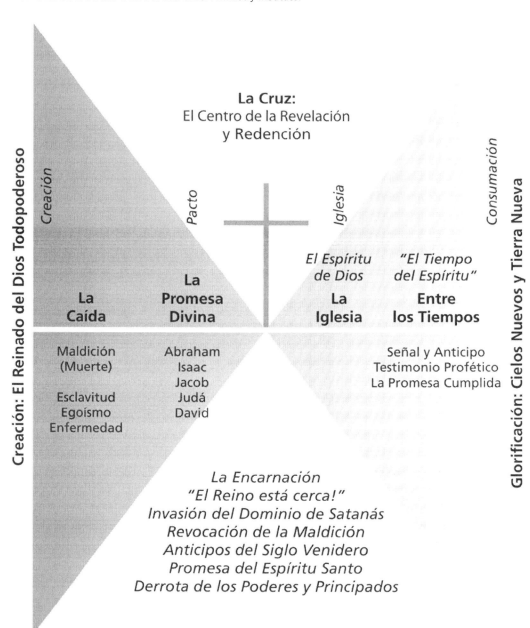

La Cruz:
El Centro de la Revelación
y Redención

Creación

Pacto

Iglesia

Consumación

Creación: El Reinado del Dios Todopoderoso

Glorificación: Cielos Nuevos y Tierra Nueva

*El Espíritu
de Dios*

*"El Tiempo
del Espíritu"*

**La
Caída**

**La
Promesa
Divina**

**La
Iglesia**

**Entre
los Tiempos**

Maldición
(Muerte)

Abraham
Isaac
Jacob
Judá
David

Señal y Anticipo
Testimonio Profético
La Promesa Cumplida

Esclavitud
Egoísmo
Enfermedad

*La Encarnación
"El Reino está cerca!"
Invasión del Dominio de Satanás
Revocación de la Maldición
Anticipos del Siglo Venidero
Promesa del Espíritu Santo
Derrota de los Poderes y Principados*

PARTE II

VIVIR LA VIDA

La verdad puede ser adjudicada a nosotros
porque somos la "mayoría" que "anda conforme a la norma".
Este es un principio que ha sido dado a la Iglesia por los apóstoles,
a los apóstoles por Cristo y a Cristo por parte de Dios.

~ Tertuliano (ca. 197)

¡Mirad cuán bueno y cuán delicioso es
habitar los hermanos juntos en armonía!
Es como el buen óleo sobre la cabeza,
el cual desciende sobre la barba, la barba de Aarón,
y baja hasta el borde de sus vestiduras;
como el rocío de Hermón,
que desciende sobre los montes de Sión;
porque allí envía Jehová bendición,
y vida eterna.

~ Salmo 133:1-3

CAPÍTULO 6

LA HISTORIA DE DIOS

Nuestras Raíces Sagradas

"¡MI DIOS ES TAN GRANDE, TAN FUERTE Y PODEROSO! . .."

En mis primeros años como misionero urbano trabajé con cientos de niños y adolescentes. Como maestro veterano del club de Biblia, me convertí en un conocedor de nuestros cantos en dicho club. Por décadas hemos cantado los más recientes cantos del club de niños en la ciudad, en parqueos, en las salas de los hogares, en patios y jardines, en autobuses, en campamentos, en banquetes y en programas especiales para padres y vecinos. Uno de mis favoritos era una melodía que hablaba de la grandeza de Dios. El canto era muy divertido y las palabras contenían una gran teología:

> *¡Mi Dios es tan grande, tan fuerte y tan poderoso, no hay nada que mi Dios no pueda hacer! ¡Mi Dios es tan grande, tan fuerte y tan poderoso, no hay nada que mi Dios no pueda hacer! Las montañas y los ríos son suyos y los cielos muestran su obra también. ¡Mi Dios es tan grande, tan fuerte y tan poderoso, no hay nada que mi Dios no pueda hacer!*

Creo que este canto refleja lo asombroso y la grandeza de la historia de Dios, que sirve como la raíz de nuestra fe y práctica cristiana, y como el núcleo de la Gran Tradición y la sustancia de nuestras *Raíces Sagradas*. Desde hace algunos años, nuestra pasión y nuestro proyecto han consistido en recuperar, articular y encarnar la historia bíblica y verdadera de Dios acerca de la redención y la restauración del mundo, que abarca desde la creación hasta la consumación de todas las cosas. La Biblia cuenta la historia de la determinación de Dios para restaurar su Reino, enfocada en su misericordia y en la fidelidad a su pacto.

El Señor Dios está determinado a restaurar su creación y a salvar para siempre a un pueblo de su propia posesión. La historia de Dios es narrada con autoridad en las Escrituras inspiradas por el Espíritu Santo, las mismas Escrituras que revelan el propósito del Reino de Dios a través de los pactos dados a los patriarcas, de la historia de Israel, de la persona y obra de Jesucristo y de su Iglesia.

Desde la venida del Espíritu Santo, esta historia de rescate y restauración ha sido apreciada, celebrada y protegida por la Iglesia a través de los siglos, por el pueblo de Dios; historia que sigue siendo narrada, promulgada y expresada mediante una vida de fe. En todos los aspectos de nuestra vida comunitaria –en nuestra teología y adoración, nuestra espiritualidad y discipulado, y en nuestro servicio y misión– la historia de la gloria y la gracia de Dios se encarna en nosotros para el mundo.

EL GRAN PANORAMA:
LA HISTORIA DE DIOS Y NUESTRAS RAÍCES SAGRADAS EN UN VISTAZO

El cuadro de la página 135 detalla nuestra comprensión de la historia de Dios y nuestras *Raíces Sagradas*, es decir, la respuesta que con gozo la Iglesia dio para salvaguardar su teología, adoración, discipulado y evangelización. De hecho, la Iglesia de Jesucristo es "*el pueblo de la historia*": somos un pueblo nacido, formado y establecido a través de la narrativa de la obra de Dios en la historia de los patriarcas, de Israel y de la encarnación y la resurrección del Hijo de Dios, Jesús de Nazaret. El drama de nuestro trino Dios es narrado en las Escrituras, una obra que culmina en Jesucristo.

La Gran Tradición representa ese núcleo central de la fe cristiana derivada de las Escrituras que va desde la época de Cristo hasta la mitad del siglo quinto. De manera formativa, esta tradición articula la fe y la práctica de la Iglesia, su fiel respuesta a la verdad de la soberana obra de Dios en el mundo. Creemos que la mayor parte de lo que se ha demostrado ser esencial y fundamental para la teología, la espiritualidad y el testimonio cristiano, fue elaborado por la Iglesia antigua indivisible alrededor del siglo V, a través de su vida comunitaria, su canon, sus credos y los concilios.

(Por cierto, para aquellos lectores que no tienen una inclinación teológica particular, espero sinceramente que el lenguaje serio y formal del estudio de las descripciones que aparecen abajo no lo desanimen. Si bien fueron escritas en un lenguaje muy teológico, estas definiciones traen a mi corazón verdadero gozo y claridad, tanto para lo que Dios ha hecho y sigue haciendo en mí, como para entender quién soy y cómo debo responder a su gracia sin igual. Buena parte de la vida cristiana consiste en admirarnos de las maravillas de nuestro Dios misericordioso. Esta fue la clave para la eficacia de la iglesia antigua: para ellos, Dios estaba reconciliando al mundo consigo mismo a través de Cristo. ¡Que sea lo mismo para nosotros hoy!)

EL FUNDAMENTO OBJETIVO DE LA HISTORIA DE DIOS: EL DRAMA DEL TRINO DIOS

En la elaboración de esta historia de la Iglesia, podemos percibir ocho temas que, interconectados, dieron vitalidad, claridad y fuerza sorprendentes a la Iglesia en tiempos difíciles. TUMI busca definir y explorar estos elementos en nuestros proyectos, programas y eventos. Los primeros cuatro elementos enumerados a continuación se refieren al *fundamento objetivo* del amor soberano de Dios; mientras que los últimos cuatro reflejan nuestro entendimiento acerca de la *respuesta subjetiva* de la Iglesia al drama de Dios. Cada elemento está asociado con una imagen que subraya el elemento en cuestión. Dios está narrando su propia historia y actuando su propio drama, una historia verdadera que culmina en la persona y obra de Jesucristo.

1. **El Alfa y El Omega**. *El autor de la historia*. Como creyentes en la trinidad, podemos afirmar sin equivocación que el Dios trino, el Dios de Abraham,

EL ALFA
Y EL OMEGA

Isaac y Jacob, el Dios de Jesucristo, es el creador de los confines de la tierra, cuyos propósitos y acciones soberanas determinan las acciones de la historia del mundo.

La Gran Tradición afirmó a Dios como el soberano y bendito supervisor de todas las cosas y enfocó su visión del mundo en una visión teísta (es decir, que Dios existe y es la fuente de todas las cosas) y trinitaria (o sea, el verdadero Dios es el Dios de los hebreos que se ha revelado como un Dios en tres personas co-iguales, co-sustanciales y co-eternas). El Padre es el Creador, el verdadero artífice del cosmos; y por lo tanto es el propietario y administrador soberano de todas las cosas. Como el soberano de todas las cosas, él pactó desde antes de los tiempos redimir a un pueblo para sí mismo y para su gloria, a través de su Hijo, por su santo Espíritu. Como el autor y director de su propio drama cósmico, su historia explica y resume por sí sola al mundo. Dios el Padre escribe su propia historia, enraizada en su misericordia y gran bondad, la cual determinó desde antes de la fundación del mundo para restaurar el universo y para redimir a través de su Hijo a un pueblo que le traería gloria eterna.

2. **Christus Victor**. *El campeón de la historia*. Desde antes de la fundación del mundo, Dios pactó restaurar su creación, redimir a un pueblo para su propia posesión, y destruir los poderes del mal y triunfar sobre ellos, a través de la encarnación y el sufrimiento de su Hijo para el mundo. Este es el corazón de la historia de Dios. La promesa de la simiente de la mujer (Gn. 3:15) es el corazón de la trama de la Biblia, y todo la obra que Dios hace a través de los patriarcas e Israel culmina con su venida y su realización.

Nosotros, los que confesamos a Cristo Jesús, creemos que él es el actor y que representa la "presencia del futuro", el cumplimiento de la promesa divina para rescatar a su creación de la maldición.

En la vida y ministerio de Jesús la obra de Adán e Israel es, tal como lo sugieren los Padres de la Iglesia, "recapitulada"; es decir, sus acciones son re-ejecutadas y restablecidas, sólo que esta vez en obediencia y victoria, ya no en rebelión y en caída. Como Verbo hecho carne, él es la encarnación del Hijo de Dios; y el Reino de Dios fue inaugurado con su venida al mundo. Mediante su ministerio de enseñanza y de poder sobre los demonios, el Reino de Dios está ahora verdaderamente presente. A través de su muerte, sepultura y resurrección, fue pagada nuestra deuda por nuestros pecados, todas las cosas fueron reconciliadas con Dios, y el diablo y sus secuaces fueron derrotados.

Ascendido a la diestra de Dios, él reina como Señor hasta que todos sus enemigos sean puestos bajo sus pies. Los fieles esperan su Segunda venida, donde su obra de redención y reconciliación será consumada.

Habiendo sido glorificado por el Padre, el Señor Jesús ha enviado al mundo al Espíritu de Dios, la preeminente señal de la era venidera. El Espíritu Santo, que es la garantía y el primer pago de la herencia plena que está por venir, está presente ahora obrando en medio del pueblo de Dios; y la libertad, la paz y la justicia del Reino se manifiestan a través del cuerpo de Cristo en el mundo.

3. **Ven Espíritu Santo**. *El intérprete de la historia*. Afirmamos que el Espíritu Santo, miembro co-eterno de la santísima trinidad, es el Señor y dador de la vida. Ninguna Escritura es de interpretación privada, sino que los santos hombres de Dios hablaron siendo inspirados por el Espíritu Santo (2 Pe. 1:20-21). A lo largo de la historia del pueblo de Dios, el Espíritu inspiró a los profetas para narrar la verdad acerca de aquel que habría de venir; prefigurándole en los tipos y eventos de la historia de Israel, en la ley, en los sacrificios levíticos, en la práctica del Templo, en las teofanías (apariciones divinas) de Dios en la nación de Israel y en las promesas divinas tocante a la aparición del Mesías. Él es la fuente de vida para la

Iglesia, regenerando, bautizando y adoptando a todos los que pertenecen a Dios en Cristo, dotándoles con dones obtenidos a través de la obra de Cristo en la Cruz.

A través de la venida del Espíritu Santo al mundo, Dios ha traído a la Iglesia la comunidad mundial del pueblo de Dios, cuya existencia da testimonio de la historia verdadera de Dios acerca del mundo. La Iglesia de Jesucristo es tanto el lugar como el agente del Reino. Es decir, sirve como el lugar donde la presencia del siglo venidero se manifiesta, y como el agente autorizado para proclamar liberación en el nombre de Jesús y para revelar la libertad y justicia del Reino, a través de su vida y misión en esta época. Con la morada del Espíritu Santo, la Iglesia está siendo santificada, preparada y transformada a fin de completar su misión de evangelización en todo el mundo.

4. **Tu Palabra es verdad**. *El testimonio de la historia*. Las Escrituras canónicas de la Iglesia representan el testimonio autoritativo y verdadero de la narrativa de Dios respecto a la historia y la vida. Las Escrituras son un registro histórico y un testimonio profético, y deben leerse como el guión del drama de Dios. A través de los profetas y los apóstoles, Dios ha provisto

a su pueblo la clara narración de sus acciones creativas, sus pactos con los patriarcas, su llamado a la nación de Israel, y la encarnación y las obras salvíficas de su Hijo, Jesús de Nazaret. En la historia general de Dios testificada en la Escritura, vemos la acción de Dios en la creación de su universo, su propósito soberano de redimir a su creación de la maldición, y sus pactos con los patriarcas, Israel y la Iglesia.

Las Escrituras son inspiradas por Dios, las cuales hacen constar fielmente la progresión histórica de las acciones salvíficas de Dios en el mundo, y su revelación final y particular mediante la persona del Señor Jesucristo. El Espíritu Santo, que inspiró la Palabra de Dios, ilumina al pueblo de Dios con esa misma Palabra, dando a conocer a Jesús a la Iglesia como el centro, el objeto y el tema de las Escrituras. Él es el actor principal en el drama cósmico de Dios. A través de la Palabra, los creyentes recibimos sustento para nuestro diario vivir y fuerza para declarar y presentar el Evangelio de Cristo a quienes todavía no han oído del amor de Dios.

LA RESPUESTA SUBJETIVA:
LA PARTICIPACIÓN DE LA IGLESIA EN EL DRAMA DE DIOS

Los siguientes cuatro elementos son la *práctica subjetiva* que surgen del *fundamento objetivo* de las obras del trino Dios en el universo. Ellos representan la participación de la Iglesia y su respuesta a la revelación del drama de Dios en la Escritura. La Iglesia como comunidad redimida de Dios afirma y cuenta la historia del amor de Dios en Cristo. En toda su teología, adoración, discipulado y evangelización, la Iglesia de Jesucristo ha tratado de ser fiel al testimonio apostólico acerca de Cristo y su Reino, según consta en la Escritura.

5. **La Gran Confesión.** *El pueblo de la historia.* Como confesores de la verdad de la historia de Dios, los creyentes representan al pueblo de la historia, aquellos que han sido llamados por el Espíritu a través de las buenas nuevas de salvación en Cristo. Junto a todos los santos, confesamos a Jesucristo como Señor para gloria de Dios Padre, aferrándonos a la afirmación de fe de los credos antiguos que reconoce al Padre como creador, a Cristo como nuestro redentor y al Espíritu como nuestro consejero y guía. Entendemos

    la palabra teología como la defensa de la fe que nos fue otorgada una sola vez por los apóstoles, contenida en las sagradas Escrituras. Esta declaración apostólica es la misma fe que fue defendida y concisamente refractada a través de los lentes de la antigua regla de fe encarnada en el Credo de los Apóstoles y el Credo Niceno. Estos documentos constituyen el resumen de la antigua comunidad cristiana acerca de la tesis básica de la fe cristiana, esa regla de fe que ha definido la fe ortodoxa desde el principio. Esta regla, resumida en el Credo Niceno, representa ese depósito que siempre ha sido creído en la Iglesia por todos y en todas partes. Es en sí la misma regla que se ha confesado, defendido y articulado desde los tiempos antiguos hasta hoy, la cual consideramos como la fe ortodoxa histórica que resume el significado, la maravilla y el alcance de la historia de Dios en el universo.

    A través de esta confesión del señorío y del poder salvífico de Jesucristo, es decir, la Gran Confesión de la Iglesia, el Espíritu Santo forma una comunidad que sin ser del mundo está en el mundo, un lugar que no puede ser separado ni dividido por razas, culturas o tribus. La Iglesia es creada en Cristo y a través de esa misma Iglesia la historia de Dios continúa. Este pueblo es, tal como lo confiesa el Credo, el único, santo, católico (universal) y apostólico pueblo del Señor.

6. **Su vida en nosotros.** *La re-creación de la historia.* Como adoradores de Dios redimidos por Cristo, la Iglesia es un real sacerdocio llamado por Dios para reunirse semanalmente en el día del Señor con el fin de adorar, cantar, orar y proclamar la historia. A través de la liturgia de la Palabra y los sacramentos (ordenanzas), el pueblo de Dios, en el cual cada uno es un ministro y miembro

del sacerdocio de Dios, se reúne en asamblea cristiana dinámica para dar a Dios sacrificios espirituales por medio de Cristo y en el Espíritu.

Como un pueblo llamado por Dios que está en comunión con el Padre y el Hijo por el Espíritu Santo, la Iglesia se reúne fielmente para recordar el pasado, anticipar el futuro y actualizar la verdad de la historia en el presente. En nuestra predicación de la Palabra, nuestro recitar del Credo, nuestros cantos de adoración, nuestra oración y confesión, nuestra sanidad y nuestra celebración de la Cena del Señor, recibimos el poder y la gracia para encarnar y dar testimonio de la historia. A través del Espíritu, ofrecemos un culto sacerdotal a Dios, fortaleciéndonos unos con otros mediante el testimonio y la confesión, experimentando la presencia de Dios mientras nos reunimos para honrarle y adorarle en un histórico recitar (la predicación de la Palabra) y en una dramática proclamación (celebración de la Cena del Señor) [Webber] de la historia de Dios.

7. **Vivir en el camino.** *La encarnación de la historia.* Como seguidores de Jesucristo, buscamos ser conformados a su imagen, reflejando su humildad y su radical obediencia al Padre. Con este fin, nosotros, como individuos, familias y congregaciones, nos esforzamos no solamente por ser sumisos a nuestros supervisores, a aquellos que están encargados de pastorear el rebaño, sino también por ser formados espiritualmente y profundizar colectivamente en la historia de Dios a través de nuestra práctica de disciplinas espirituales. Basados en la expresión clásica de formación espiritual a través del año litúrgico, caminamos cada año a través de un esbozo de los principales hitos de la vida de Jesús, encarnando esos eventos a través de celebraciones y memorias durante todo el año. En nuestra fiel práctica del año litúrgico, seguimos los eventos de la historia de Dios en la vida y ministerio de Jesús, eventos celebrados, recordados y anticipados en tiempo real (es decir, celebrándolos aproximadamente en la época del año en que ocurrieron originalmente). A través de nuestras lecturas, servicios, liturgias y disciplinas espirituales, compartimos juntos una vital espiritualidad y comunión, identificándonos con Jesucristo a través de una

VIVIR EN
EL CAMINO

peregrinación espiritual basada en la historia de su venida y su ministerio, tal como se relata en el Nuevo Testamento.

Cada estación refleja específicamente un aspecto integral del evento de Cristo: *El Advenimiento* (su venida), *la Navidad* (su encarnación), *la Epifanía* (su manifestación al mundo), *la Cuaresma* (su sufrimiento y humildad), *la Semana Santa* (su pasión y muerte), *la Pascua* (la resurrección y ascensión) y *el Pentecostés* (el envío del Espíritu Santo y el reconocimiento de la obra de la Trinidad en la salvación). Durante la *Estación Después de Pentecostés*, una temporada larga, recordamos y anticipamos el ministerio de nuestro Señor como cabeza de la Iglesia, como Señor de la cosecha y como la esperanza del mundo. Recordamos lo que nuestro Señor realizó en el pasado, tratando de ser transformados mientras recordamos su victoria *(anamnesis)*; y anticipamos su obra y gobierno futuros, viviendo en la gozosa espera de su reino que está por venir *(prolepsis)*. Nuestro deseo es que todos en nuestras asambleas crezcan a la medida de la estatura de la plenitud de Cristo, reflejando y fructificando el carácter de Él.

8. **Renacidos para servir.** *La continuación de la historia.* Como agentes activos del Reino de Dios en este sistema mundial pasajero, representamos la continuación de la historia de Dios en el mundo, tal como lo sugiere el libro de los Hechos. Lucas sugiere que el registro del libro de los Hechos representa la actual manifestación de las obras de Jesús en y a través de su pueblo. "En el primer tratado, oh Teófilo, hablé acerca de todas las cosas que Jesús comenzó a hacer y a enseñar" (Hch. 1:1). Como miembros del cuerpo de Cristo, él nos ha capacitado por el Espíritu Santo para dar a conocer a las naciones la historia de Dios por medio del Evangelio. A medida que nos identificamos con otros explícitamente mediante nuestras acciones de caridad, revelamos al mundo que, de hecho, Dios ha enviado a Jesús al mundo para salvarlo (San Juan 17:20-21 - "Mas no ruego solamente por éstos, sino también por los que han de creer en mí por la palabra de ellos, [21] para que todos sean uno; como tú, oh Padre, en mí, y yo en ti, que también ellos sean uno en nosotros; para que el mundo crea que tú me enviaste").

RENACIDOS
PARA SERVIR

RAÍCES·SAGRADAS

Como el pueblo visible de la historia en el mundo, con valentía y sin vergüenza, testificamos de palabra y de hecho los actos salvíficos de Dios a través de Jesucristo. A través de nuestro servicio y nuestra evangelización, nos presentamos como ministros de reconciliación, llamando a todos los pueblos a reconciliarse con Dios en Cristo. Como discípulos y servidores de Él, declaramos las buenas nueva del Reino a través de nuestra vida compartida, de nuestra predicación del evangelio y de nuestra práctica de la vida del Reino en el mundo entre nuestros vecinos, especialmente entre los pobres.

Por otra lado, por medio del poder del Espíritu Santo, quien es la garantía de nuestra herencia futura, somos facultados para demostrar a nuestros vecinos la vida del Reino aquí y ahora. A través de nuestros actos tangibles de hospitalidad y generosidad, que adornan nuestra doctrina y nuestra predicación, damos testimonio y evangelizamos a los perdidos de todo el mundo. En obediencia al mandato de Cristo, vamos y hacemos discípulos a todas las naciones, bautizándolos en el nombre del Padre, Hijo y Espíritu Santo, enseñándoles a guardar los mandamientos de Cristo. Mientras caminamos con Dios en el contexto de nuestras asambleas locales, mostramos al mundo la vida del Reino por medio del Espíritu Santo, dando testimonio de su realidad en nuestras relaciones individuales y familiares, en nuestros trabajos, en nuestros vecindarios y en todas partes.

UN DIOS Y UNA HISTORIA SUFICIENTEMENTE GRANDE PARA TODO EL MUNDO (Y PARA USTED Y YO)

Esta explicación descriptiva de la historia de Dios (el lado izquierdo de nuestro gráfico y los cuatro primeros elementos ya mencionados arriba [nuevamente, enumerados en la página 135]) detallan la historia de un ser divino, cuyo amor y cuya soberanía y gracia son suficientemente grandes para todo el mundo. En la eternidad pasada, Él determinó que no le daría la espalda a su creación caída, sino que enviaría a un campeón para liberarnos. El Espíritu Santo inspiró a los profetas para dar testimonio de su venida; y en Jesús de Nazaret finalmente vino y realizó la redención prometida. Ahora la Iglesia, como pueblo de la historia, responde con alegría y participa en el drama de Dios (el lado derecho del gráfico y los últimos cuatro elementos mencionados arriba).

El Dios y Padre de nuestro Señor Jesucristo es un Dios suficientemente grande para su mundo y su historia, es suficientemente grande para todas las naciones. Seguramente, esta historia increíble de amor y de gracia es suficiente para usted y para mí, para transformarnos, para cambiarnos y para sanarnos.

¡Mi Dios es tan grande, tan fuerte y tan poderoso, no hay nada que mi Dios no pueda hacer!

CAPÍTULO 7

DONDE SEA, SIEMPRE Y POR TODOS

Confesando el Credo Niceno

"Credo" se deriva del latín *credo*, "creo". La forma es activa, denotando no sólo un cuerpo de creencias sino una confesión de fe. Esta fe es confianza: no "creo que" (aunque esto está incluido) sino "creo en". Es también individual; los credos pueden tomar la forma plural de "creemos", pero el término viene de la primera persona del singular del latín: "creo".

~ G.W. Bromiley. "Credo".
Elwell's Evangelical Dictionary Software. 1998-99.

Como un predicador de color, me encanta predicar la historia de Lázaro escrita en Juan 11. Contiene todo lo que una gran historia necesita, un gran alcance, magníficos personajes, un drama conmovedor, un clímax increíble y un poderoso y maravilloso final. Y por encima de esto, ¡es la verdad absoluta!

El intercambio entre Jesús y Marta antes de que Lázaro fuera resucitado nunca deja de sorprenderme. Marta le dice a nuestro Señor que si él tan solo hubiese estado presente, entonces su hermano no habría muerto. Jesús, de ninguna manera disuadido, afirma que sólo el Señor de todos puede declarar "tu hermano resucitará" (v. 23). Marta, haciendo referencia a la buena teología hebrea, afirma que ella sabe que él resucitará en la resurrección del día postrero (v. 24). Jesús en una afirmación audaz y sorprendente, se aparta de las ideas generales acerca de la teología de su propia identidad y persona:

*San Juan 11:23-26 - Jesús le dijo: "Tu hermano resucitará". [24] Marta le dijo: "Yo sé que resucitará en la resurrección, en el día postrero". [25] Le dijo Jesús: "Yo soy la resurrección y la vida; el que cree en mí, aunque esté muerto, vivirá. [26] Y todo aquel que vive y cree en mí, no morirá eternamente. **¿Crees esto?**"*

El corazón de toda la fe de Marta se reduciría en su confianza acerca de quién era Jesús de Nazaret. La pregunta de Jesús, a mi juicio, resume el papel central que la teología siempre jugará en todos los asuntos de la fe y la vida. Lo que usted crea acerca de Jesús de Nazaret llegará a ser la cosa más importante que alguna vez consideró ser verdadero o falso en su vida. Nuestro credo, en otras palabras, es nuestra propia vida.

LAS DISPUTAS ACERCA DE LOS CREDOS

No hay nada que cause tanto caos, discusión y desacuerdo en muchos de nuestros círculos de creencias, que discutir la autoridad y el alcance de los credos ecuménicos de la Iglesia. Estos documentos históricos son importantes para nosotros los cristianos, sobre todo porque a través de ellos podemos fácilmente localizar las diferentes crisis y controversias acerca de la sustancia y el significado de nuestra fe. Sin embargo, en cuanto a su utilidad en la Iglesia para la teología, la liturgia y la formación espiritual, estos importantes documentos y su significado siguen siendo muy controvertidos.

Algunos creen que los credos tienden a ser extra-bíblicos (fuera o más allá de la Biblia) en el sentido de que sus afirmaciones van más lejos de lo que las Escrituras afirman. En este punto de vista, los credos ecuménicos son el producto de un enfoque híper-helenizado y racionalista de la fe; y son prácticamente irrelevantes en nuestros días donde la Iglesia enfrenta asuntos como el holocausto nuclear y un sectarismo fuera de control. Otros, creyendo que los credos están casi a la par de las mismas Escrituras, sostienen que ninguna teología válida puede actuar sin operar dentro de los límites de la fe ortodoxa. ¿Cómo debemos entender el significado de los credos en nuestro intento de comprender la historia de Dios y qué papel juegan en nuestra recuperación de la Gran Tradición, nuestras *Raíces Sagradas*?

Este capítulo sostiene que a pesar de que los credos pueden y no deben ser vistos a la par de las Escrituras canónicas en términos de autoridad o de inspiración, no dejan de representar una declaración clara e inequívoca de la fe ortodoxa histórica, la cual ha sido creída en todas partes, siempre y por todos. Las enseñanzas de los siete concilios ecuménicos históricos y los credos que ellos produjeron (sobre todo los primeros cuatro y el Credo Niceno en particular), pueden considerarse una declaración clara de lo que la Iglesia antigua creía, tal como la enseñanza misma de los apóstoles (siendo, por lo tanto, una regla que resume nuestra fe), como un bosquejo para la confesión teológica, los candidatos al bautismo y un currículo para los discípulos de Jesús, y como un examen de la ortodoxia para los candidatos al ministerio cristiano.

LA BASE BÍBLICA PARA LA TEOLOGÍA DEL CREDO

Lo que debemos reconocer desde el inicio de nuestra discusión es que los credos, de cualquier tiempo y en cualquier forma, no deben ser comparados con la Escritura. Ellos no lo hacen y no pueden llevar el mismo sentido de autoridad de las Escrituras, y deben, en su mejor sentido, ser vistos como un comentario sobre la enseñanza de la Biblia, especialmente en lo que respecta a la persona y obra de Jesucristo. Los credos, en el sentido técnico, no están presentes en la Biblia, pero intentan expresar la información y la verdad bíblica esencial. Parece que hay algunas formas de credo en las Escrituras, como la *Shemá* del Antiguo Testamento (Dt. 6:4-9). Un pequeño credo abreviado aparece en Deuteronomio 26:5-9, donde Dios ordena al pueblo, una vez que se establecen en la tierra, contar su obra de salvación en Egipto:

Dt. 26:5-9 - Entonces hablarás y dirás delante de Jehová tu Dios: "Un arameo a punto de perecer fue mi padre, el cual descendió a Egipto y habitó allí con pocos hombres, y allí creció y llegó a ser una nación grande, fuerte y numerosa; [6] y los egipcios nos maltrataron y nos afligieron, y pusieron sobre nosotros dura servidumbre. [7] Y clamamos a Jehová el Dios de nuestros padres; y Jehová oyó nuestra voz, y vio nuestra aflicción, nuestro trabajo y nuestra opresión; [8] y Jehová nos sacó de Egipto con mano fuerte, con brazo extendido, con grande espanto, y con señales y con milagros; [9] y nos trajo a este lugar, y nos dio esta tierra, 'tierra que fluye leche y miel'".

Si bien en el Nuevo Testamento no aparecen credos en sentido formal, fuentes de material parecidos a un credo aparecen en algunos lugares. Por ejemplo, Pablo puede hablar acerca de las tradiciones de los apóstoles que fueron dadas en palabra y hecho (2 Tes. 2: 15), y habla sobre la "Palabra del Señor" (Gálatas 6:6). La predicación de los apóstoles es resumida y presentada en un sentido formal, en forma de credo en 1 Timoteo 3:16, con las diferentes frases de la declaración de Pablo que posee una especie de ritmo confesionario:

> *1 Tim. 3:16 - E indiscutiblemente, grande es el misterio de la piedad: Dios fue manifestado en carne, justificado en el Espíritu, visto de los ángeles, predicado a los gentiles, creído en el mundo, recibido arriba en gloria.*

Si bien en el sentido técnico este resumen es un comentario acerca de la predicación de los apóstoles (comp. Rom. 16:25-27), tiene forma de una estructura de credo y expresa a modo de resumen el mensaje apostólico esencial respecto a Jesús, quien es el Cristo. Algunas de las partes más exquisitas y sugerentes de la confesión de credo en el Nuevo Testamento son las confesiones bautismales (ver Hch. 8:37; Mt. 28:19; Rom. 10:9-10). Estas son declaraciones importantes con respecto a la confesión de los primeros cristianos y sus creencias; y dan una visión real de la naturaleza de las primeras creencias cristianas, las cuales son necesarias para la salvación y para entrar al cuerpo de Cristo sobre la base de la confesión. Por supuesto, el gran himno a Cristo de Filipenses (Flp. 2:5-11) nos ofrece uno de los primeros ejemplos de la confesión cristológica en la Iglesia. En este maravilloso texto vemos toda la historia de la humillación y exaltación de Cristo para la Iglesia, dada en el contexto de adoración y de instrucción para el discipulado. Todos estos textos dan sugerencias sobre el tipo de información y materiales que influirían considerablemente en la redacción y la estructura de los primeros credos.

¿POR QUÉ LOS CREDOS EN PRIMER LUGAR?

Con el canon completo y final de la Biblia dado a nosotros, es apropiado preguntarnos por qué necesitamos en absoluto a los credos. ¿Por qué no podemos simplemente dejar que la Biblia hable en sus propios términos, dejando que ésta sirva como la última palabra para nosotros en asuntos de doctrina y práctica de nuestra fe?

Pues bien, aunque la fe cristiana, que se enfoca en la revelación de Dios acerca de la creación, en Israel y, finalmente, en Jesucristo, sigue siendo atractiva y clara, aun así, existen muchas cosas difíciles en su enseñanza. Si bien el evangelio es muy claro, está lleno de conceptos y verdades que son difíciles de entender y de alinear. Incluso el apóstol Pedro, en 2 Pe.3:15-16, habló de esta necesidad, de no sólo confesar la verdad sino tratar de comprenderla:

> 2 Pe. 3:15-16 - Y tened entendido que la paciencia de nuestro Señor es para salvación; como también nuestro amado hermano Pablo, según la sabiduría que le ha sido dada, os ha escrito, [16] casi en todas sus epístolas, hablando en ellas de estas cosas; entre las cuales hay algunas difíciles de entender, las cuales los indoctos e inconstantes tuercen, como también las otras Escrituras, para su propia perdición.

La fe demanda y busca el entendimiento, tal como el gran pensador cristiano Anselmo lo declaró. Tenemos que entender la historia de Dios de tal manera que podamos declarar su significado en una forma que produzca traducciones claras de ello a los demás. Nuestra meta es comunicar con claridad el misterio de Dios en Cristo, declarando abiertamente y con valentía el amor de Dios para que los pueblos de todo el mundo puedan percibir su significado y experimentar su contenido. A menos que la hagamos comprensible a los demás para que la asimilen y la reciban, será difícil comunicar las buenas nuevas de la historia de Dios en Cristo.

LOS CREDOS COMO DOCUMENTOS HISTÓRICOS

Los credos no sólo son útiles para comunicar la fe con claridad, sino también son documentos históricos útiles para ver y resumir controversias y asuntos concernientes al significado de nuestra fe en el pasado. A lo largo de la historia de la Iglesia los creyentes se han encontrado con numerosos problemas, debates y preocupaciones, que han causado errores de juicio e interpretación acerca de la realidad y el significado de los hechos relacionados con el evangelio cristiano. Los tipos de situaciones que dieron lugar a estas conversaciones son muchas: la enseñanza herética, las cuestiones de culto ortodoxo, los problemas con los creyentes que apostataron de la fe durante la persecución y el verdadero significado ortodoxo del mensaje de nuestra historia. El cristianismo es una religión histórica: Dios, en Cristo, finalmente ha actuado y hablado en la historia, y el significado de ese mensaje debe ser constantemente confesado y defendido. Los credos nos ofrecen una manera de inquirir y analizar estos temas, y cómo la Iglesia los definió e instaló a la luz de la fe.

UN PLAN DE ESTUDIOS PARA LOS CANDIDATOS AL BAUTISMO

Los credos ecuménicos también sirven como una especie de plan de estudios para la enseñanza de catequesis en la fe y doctrina cristiana, con miras a definir qué es lo que todos los cristianos creemos y confesamos. En este sentido, los credos están escritos desde una aplicación universal, pues son intencionalmente "católicos". Esto no quiere decir que sean *Católicos Romanos*, sino católicos en el sentido de que expresan el corazón de la fe cristiana que nosotros como creyentes hemos mantenido desde el principio, independientemente de las personas y el lugar donde se hizo la confesión. Mientras que los credos denominacionales pueden ser la confesión de una tradición particular de la Iglesia, los credos ecuménicos de la iglesia primitiva preceden a nuestras identidades denominacionales y tradicionales. Los credos, especialmente el Credo Niceno, resumen la creencia principal de la Iglesia "católica", ese universal, trans-histórico y multinacional cuerpo de Cristo.

Como un plan de estudios, el Credo Niceno es bastante variado (desde una "simple exposición hasta una presentación teológica avanzada"). Por ejemplo, el credo puede ser suficientemente básico para llevar a estudiantes de secundaria a través de un curso introductorio acerca de los puntos sobresalientes de la historia; o bien para un tratamiento sofisticado y altamente erudito del pensamiento cristiano, tal como la teología sistemática de Langdon Gilkey, basada en el credo o en la catequesis de Cirilo de Jerusalén del siglo IV. Desde los primeros tiempos, podemos aprender de fuentes que muestran cómo los candidatos para el bautismo tenían que mostrar una cierta comprensión de los principios básicos del credo, ya que hacían una profesión personal de fe en el bautismo. ¡El credo es suficiente para el candidato al bautismo o para el estudiante de doctorado en teología!

EDUCACIÓN DOCTRINAL Y TEOLÓGICA PARA LAS MASAS

El credo también sirve como base para la enseñanza doctrinal y teológica de la comunidad cristiana en general, independientemente del nivel de madurez. Los credos se formaron a menudo de controversias teológicas, del aumento de las herejías y de la necesidad de proteger la confesión apostólica de la falsedad. De manera extraña, no había un ministerio real que participara en las diferentes herejías que surgieron en la iglesia primitiva. Irónicamente, estas herejías, con sus ideas extrañas, permitieron a los pastores de la iglesia primitiva ampliar sus primeras confesiones que tenían en forma de "borrador", por fórmulas más desarrolladas de nuestra fe, con lenguaje e ideas que eran compatibles con la enseñanza de los apóstoles.

Por ejemplo, podemos examinar nuestros primeros credos y reconstruir algunos ejemplos de las confesiones ortodoxas que éstos pretendían defender. "Creador del cielo y la tierra", fue escrito probablemente para luchar contra la idea gnóstica de separar de la creación al Dios verdadero. La enseñanza sobre el nacimiento virginal y la muerte de Jesús, combate la pretensión gnóstica que contradecía la auténtica naturaleza humana de Jesús. La afirmación de Cristo como "Dios verdadero" que confronta y responde a la noción arriana de que Jesús no era divino, fue ciertamente agregada para afirmar la divinidad absoluta de Cristo. Los credos sirven no como un sustituto de la historia bíblica, sino como un resumen, un comentario sobre el significado correcto de la historia bíblica, otorgándonos una manera de discernir entre lo falso y verdadero de la historia.

RECITACIÓN DE LA HISTORIA DE DIOS EN ADORACIÓN

Tal vez una de las funciones más importantes de los credos ha sido históricamente el papel central que desempeñan en recitar la historia de Dios en la adoración como un ingrediente esencial del culto (liturgia) de la comunidad de creyentes. Desde los primeros tiempos, los cristianos han confesado la historia de Dios a través de lecturas de respuesta, de una fe afirmada y del canto y el sermón, todo hecho como parte esencial del verdadero culto cristiano. A comienzos de la historia del cristianismo, las formas de la antigua Roma (el Credo Apostólico) y luego el Credo Niceno, fueron incorporados en la secuencia eucarística (es decir, el servicio de la Cena del Señor), primero en Oriente, luego en España y finalmente en Roma. A menudo la recitación del credo fue colocado después de la lectura y la enseñanza de las Escrituras, como una respuesta de fe congregacional a la Palabra de Dios. Esta práctica del credo de "lectura de respuesta" al sermón, sigue siendo practicado en muchas tradiciones en la actualidad.

LOS TRES CREDOS MÁS DESTACADOS EN LA IGLESIA: EL CREDO APOSTÓLICO, EL CREDO NICENO Y EL CREDO DE ATANASIO

En la historia del cristianismo, tres credos han tenido un lugar superior: El Credo Apostólico, el Credo Niceno y el Credo de Atanasio. Veremos brevemente cada uno de ellos.

EL CREDO APOSTÓLICO

[Versión Tradicional] Creo en Dios Padre, Todopoderoso creador del cielo y la tierra. Creo en Jesucristo, su Unigénito Hijo, nuestro Señor quien fue concebido por el Espíritu Santo, nacido de la virgen María; sufrió bajo Poncio Pilato; fue crucificado, muerto y sepultado; descendió al infierno; al tercer día resució de entre los muertos; ascendió al cielo, y se sentó a la derecha de Dios Padre Todopoderoso. Desde allí vendrá a juzgar a los vivos y a los muertos. Creo en el Espíritu Santo, la santa Iglesia católica (universal), la comunión de los santos, el perdón de los pecados, la resurrección del cuerpo, y la vida eterna. Amén.

El Credo Apostólico, según la leyenda, fue escrito supuestamente por los apóstoles bajo inspiración, por lo que llegó a ser llamado el símbolo apostólico o credo (Sínodo de Milán, 390 D.C.). Lorenzo Valla refutó el origen apostólico (el cual nunca aceptó el Oriente). En el estudio de este credo, sin embargo, muchos estudiosos atribuyen su origen al credo antiguo romano (expuesto por Rufino en 404 D.C.). Su forma actual se origina alrededor del siglo VIII, y ha sido empleada regularmente en los servicios de muchas iglesias de Occidente, especialmente por los reformadores en sus liturgias (servicios de adoración), en sus confesiones doctrinales y en sus instructivos para el bautismo (es decir, la catequesis).

EL CREDO NICENO

Creemos en un solo Dios, Padre Todopoderoso, creador de Cielo y Tierra, de todo lo visible e invisible.

Creemos en un solo Señor, Jesucristo, Hijo único de Dios, nacido del Padre antes de todos los siglos: Dios de Dios, Luz de Luz, Dios verdadero de Dios verdadero, engendrado no creado, de la misma naturaleza del Padre, por quien todo fue hecho.

Que por nosotros y por nuestra salvación bajó del cielo: por obra del Espíritu Santo se encarnó de María, la Virgen y se hizo hombre. Por nuestra causa fue crucificado en tiempos de Poncio Pilato: padeció y fue sepultado. Resucitó al tercer día, según las Escrituras, subió al cielo y está sentado a la derecha del Padre. De nuevo vendrá con gloria para juzgar a vivos y muertos, y su Reino no tendrá fin.

Creemos en el Espíritu Santo, Señor y dador de vida, que procede del Padre y del Hijo, que con el Padre y el Hijo recibe en una misma adoración y gloria, y que habló por los profetas.

Creemos en la Iglesia, que es una, santa, católica (universal) y apostólica.

Reconocemos un solo bautismo para el perdón de los pecados. Esperamos la resurrección de los muertos y la vida del mundo futuro. Amén.

A pesar de que es llamado "El Credo Niceno", esta confesión particular debe ser distinguida del credo de Nicea (325). Los eruditos debaten si en su forma antes mencionada fue reconocido en el Concilio de Constantinopla I (381), pero la mayoría coincide en que fue reconocido por el Concilio de Calcedonia en 451, y reafirmado en Constantinopla II en 553. Este credo es sin duda la indiscutible confesión principal de la Iglesia, tanto en Oriente como en Occidente; es el credo principal usado en contextos de catequesis y eucaristía en toda la Iglesia, y se reconoce como una auténtica síntesis de las primeras enseñanzas de la histórica fe ortodoxa, la cual los cristianos han creído "donde sea, siempre y por todos".

En verdad, el Credo Niceno representa una declaración concisa, elegante y hermosa de lo que los primeros pastores, teólogos y líderes de la Iglesia consideraron ser la esencia elemental de la ortodoxia cristiana. Para nosotros, se trata de un comentario sonoro sobre el significado de la historia bíblica y representa nuestra prueba más crítica de la ortodoxia histórica. Si bien se reconoció por su claridad en resumir la fe, la Iglesia de Occidente ha añadido la cláusula latina llamada "cláusula *filioque*" (es decir, "y del Hijo") en cuanto a la declaración sobre la procedencia del Espíritu Santo del Padre y *del Hijo*, pero el Oriente nunca lo reconoció.

Mi querido amigo y colega Terry Cornett escribió un resumen conciso y claro del significado del Credo Niceno, que reproduzco aquí en su totalidad:

¿QUÉ ES EL CREDO NICENO?

El Credo Niceno original vino del primer encuentro mundial de líderes cristianos en Nicea (actualmente Iznik, Turquía) en el año 325. Se convocó para hacer frente a una herejía llamada arrianismo, que negaba la deidad de Jesús y enseñaba que él era el ser creado más grande. El concilio en Nicea elaboró el idioma que los obispos podrían usar para enseñar a sus iglesias quién era Jesús.

Un poco más de cincuenta años después se enfrentaron nuevos desafíos. Una forma modificada de la herejía arriana estaba haciendo una reaparición. Y un nuevo problema había surgido también. Algunos obispos y pastores habían comenzado a enseñar que el Espíritu Santo no era Dios (no era de la misma sustancia que el Padre), ni siquiera una criatura, era como una especie de poder, pero no una persona de la deidad. Para resolver este problema, un concilio de 150 obispos de la Iglesia de Oriente se reunió en el año 381 en Constantinopla (actual Estambul, Turquía). Este concilio reafirmó el hecho de que Jesús era totalmente Dios y luego volvió su atención al asunto del Espíritu Santo, el cual el Concilio de Nicea había dejado intacto (el Credo Niceno original decía simplemente: "creemos en el Espíritu Santo"). El concilio convirtió esta simple declaración en un párrafo que explica con más detalle la persona y obra del Espíritu Santo.

Esta versión ampliada del credo original es lo que se conoce como "el Credo Niceno" en la actualidad (aunque técnicamente es más correcto llamarlo el "Credo Niceno-constantinopolitano" o el "credo de los 150 padres"). Es universalmente reconocido por los cristianos de todas las denominaciones.[8] Se usa también como parte de la adoración en muchas tradiciones

~ Terry Cornett. "What Is the Nicene Creed?"
T2-105 Christian Theology: God the Holy Spirit. The Urban Ministry Institute, 1997.

Nota: La palabra "católica", como se utiliza en el credo, significa "universal". Es importante porque recuerda a los creyentes que hay muchas congregaciones, pero sólo una Iglesia. Ninguna congregación es un fin en sí mismo, sino que está orgánicamente vinculada a toda la Iglesia, en unidad con otros creyentes, tanto a nivel local como en todo el mundo.

El resumen claro y útil de Terry subraya por qué el Credo Niceno ha sido el alimento básico para la teología, el culto y la formación doctrinal para nosotros entre los líderes urbanos de la ciudad.

EL CREDO DE ATANASIO

El último de los tres credos más destacados es el Credo de Atanasio, que en cierto modo es más una declaración doctrinal que una confesión de credo. Mientras lee abajo, observe que esta declaración es mucho más compleja respecto a doctrina y cómo pasa de una forma poética a una declaración proposicional. Más que un credo básico de fe, realmente se lee como una declaración ortodoxa.

---

[8] Aunque las iglesias ortodoxas orientales no aceptan la adición de las palabras "y del Hijo" en la sección sobre el Espíritu Santo.

[Principios del siglo quinto] Todo el que quiera salvarse, debe ante todo mantener la fe [apostólica/universal]. El que no guardare esta fe íntegra y pura, sin duda perecerá eternamente. Y la fe católica (universal) es ésta: que adoramos a un solo Dios en Trinidad, y Trinidad en Unidad, sin confundir las Personas, ni dividir la sustancia. Porque es una la Persona del Padre, otra la del Hijo y otra la del Espíritu Santo; más la Divinidad del Padre, del Hijo y del Espíritu es toda una, igual la Gloria, coeterna la Majestad. Así como es el Padre, así el Hijo, así el Espíritu Santo. Increado es el Padre, increado el Hijo, increado el Espíritu Santo. Infinito es el Padre, infinito el Hijo, infinito el Espíritu Santo. Eterno es el Padre, eterno el Hijo, eterno el Espíritu Santo. Y, sin embargo, no son tres eternos, sino un solo eterno; como también no son tres infinitos, ni tres increados, sino un solo increado y un solo infinito. Asimismo, el Padre es Dios, el Hijo es Dios, el Espíritu Santo es Dios. Y sin embargo, no son tres Dioses, sino un solo Dios. Así también, Señor es el Padre, Señor es el Hijo, Señor es el Espíritu Santo. Y sin embargo, no son tres Señores, sino un solo Señor. Porque así como la verdad cristiana nos obliga a reconocer que cada una de las Personas de por sí es Dios y Señor, así la religión católica (universal) nos prohíbe decir que hay tres Dioses o tres Señores. El Padre por nadie es hecho, ni creado, ni engendrado. El Hijo es sólo del Padre, no hecho, ni creado, sino engendrado. El Espíritu Santo es del Padre y del Hijo, no hecho, ni creado, ni engendrado, sino procedente. Hay, pues, un Padre, no tres Padres; un Hijo, no tres Hijos; un Espíritu Santo, no tres Espíritus Santos. Y en ésta Trinidad nadie es primero ni postrero, ni nadie mayor ni menor; sino que todas las tres Personas son co-eternas juntamente y co-iguales.

Esta declaración extendida es a menudo atribuida a Atanasio en el siglo cuarto o quinto, y ofrece una declaración más completa sobre la naturaleza de la Trinidad, siendo mucho más profunda y específica que el Credo Apostólico o el Credo Niceno. Esta declaración particular muestra cuán importantes se convirtieron los credos en la formación de los pastores y obispos en la Iglesia. La habilidad de defender las verdades de esta declaración, se convertiría en una prueba de la ortodoxia y de la competencia del clero en el Occidente a partir del siglo VII. El uso de este credo fue variado en la Iglesia: mientras los reformadores consideraron la declaración tan útil como un resumen de la fe, ésta recibió solamente un uso nominal entre los anglicanos y casi ningún reconocimiento por parte de Oriente. Y esto resultó ser de mucha menor importancia para los candidatos que se preparaban para el bautismo o la inclusión en los servicios de adoración.

RAÍCES SAGRADAS Y EL CREDO NICENO: RESUMEN DE LA HISTORIA DE DIOS

Después de esta breve descripción de los tres credos prominentes de la Iglesia, ahora podemos afirmar ciertas cosas acerca de su uso en la Iglesia. Ningún compromiso con ningún credo puede quitar nuestra responsabilidad de buscar cada día las Escrituras con el fin de fomentar y desarrollar nuestra fe. Los credos son resúmenes, comentarios sobre la fe, y no deben ser equiparados con las Escrituras. Sin embargo, los credos pueden ser útiles para proporcionar una comprensión real del significado de la fe. Y una comprensión y afirmación del Credo Niceno puede servir como una abreviación de la historia de Dios, y su recitación como salvaguarda de la ortodoxia histórica. Podemos usar el Credo Niceno como un resumen suficiente de la historia de Dios, útil para arraigar a los nuevos creyentes en la fe, como para capacitar a líderes en la Iglesia.

El Credo Niceno representa un resumen histórico claramente definido de la fe cristiana primitiva. El Credo Niceno no sólo es una de las primeras declaraciones oficiales de la fe cristiana (casi diecisiete siglos de antigüedad), sino también es universalmente respetado entre las tradiciones como una síntesis autoritativa del corazón de la enseñanza de los apóstoles. Se ha utilizado con éxito a lo largo de la historia de la Iglesia como el currículo suficiente para arraigar a nuevos cristianos y probar a líderes que emergen como fieles discípulos de Jesucristo.

Este credo no sólo es preciso en cuanto a la fe cristiana, sino también es una declaración simple, concisa y fácil de recordar acerca de la sustancia de la fe cristiana histórica. No tan abreviado como el Credo Apostólico y menos prosaico que el Credo de Atanasio, el Credo Niceno permite la fácil inclusión en programas de capacitación y elaboración de culto. Es *simple*, escrito en un lenguaje directo, claro y convincente, proporcionando un resumen esencial de la fe. Es *memorable*, sirve como un instrumento que nos ayuda a tener un sólido compromiso ortodoxo. Y es *conciso*, que aunque escrito en un lenguaje denotativo, es muy compacto en su estilo pero significativo en su concepto.

Otra razón por la cual el Credo Niceno es clave para nuestras *Raíces Sagradas*, es que sienta las bases para determinar un ecumenismo evangélico, una forma en que los creyentes de la Biblia en cualquier tradición pueden juzgar lo que es esencial para la comunión y el servicio mutuo. El Credo Niceno ha demostrado

ser una especie de declaración universal sobre asuntos esenciales en los que los cristianos han creído desde el principio. Es probablemente el documento más famoso reconocido por casi todas las tradiciones de la fe cristiana. Se concentra en el "mínimo irreducible", lo cual trata con las verdades que los cristianos han tenido históricamente como verdades fundamentales de la fe. Como tal, provee un camino para que los cristianos de diversos orígenes y tradiciones encuentren un terreno común tocante a nuestra fe, nuestra esperanza y nuestra confesión.

Teológicamente, el Credo Niceno define el depósito apostólico que representa la defensa del evangelio y la explicación completa de la teología del reino. Con su enfoque en las enseñanzas básicas que los apóstoles enseñaron acerca de Dios y de Cristo, se concentra en las "grandes ideas" de la historia de Dios. Dios es creador y autor de todas las cosas, Cristo es el Redentor y la expiación para el mundo, el Espíritu es el amo y dador de la vida, inspirador de los profetas y co-igual con el Padre y el Hijo. Las verdades fueron forjadas y deliberadamente elaboradas para hacer frente a las herejías anticristianas de la época. Esto hace de su valor algo importante; subraya las enseñanzas principales de la Iglesia y nos permite seguir participando en asuntos relacionados con estas afirmaciones hoy en día.

En cuanto a las misiones, el Credo Niceno nos proporciona un esquema de trabajo del contenido básico del testimonio cristiano, tan esencial para el discipulado y la evangelización entre las naciones. En el Credo Niceno encontramos lo mínimo para compartirle a los perdidos, para establecer a los salvos, para dar la catequesis a los nuevos miembros de la Iglesia y para equipar a los nuevos líderes para el ministerio. En el Credo Niceno vemos una prueba de hermenéutica para discernir convicción bíblica, accesible y aplicable para todos. Como instrumento de teología y de culto, el núcleo del credo ha sido fácilmente contextualizado para la liturgia y la confesión de la fe, entre cientos de grupos de personas. Las verdades contenidas son sólidas, y pueden ser adaptadas fácilmente como una norma ortodoxa de los obreros, ministros, pastores y misioneros cristianos. ¡Realmente sería difícil encontrar una regla más contextualmente flexible, probada en el tiempo y claramente aprobada por la Iglesia, para determinar la credencial doctrinal y teológica para el desarrollo de los cristianos y los líderes!

APRECIE EL CREDO COMO UNA ESPECIE DE RESUMEN DE LA HISTORIA BÍBLICA

Cierro este capítulo con un llamamiento a redescubrir el Credo Niceno como una dimensión fundamental de nuestras *Raíces Sagradas* que le da contenido a la historia de Dios. El Credo Niceno nunca podrá servir como un sustituto de la historia en las Escrituras, pero no puede haber ninguna duda de que representa uno de los más duraderos, brillantes y concisos resúmenes de nuestra santísima fe. Este credo nos provee un resumen de toda la narrativa cristiana en relieve. Como una declaración cristocéntrica, apunta a la historia de Jesús de Nazaret como la clave de toda la auto-conciencia de la cristiandad y la clave para entender la esperanza de todos los discípulos del siglo XXI. Y, como una declaración confesional de la comunidad, el credo nos llama a reafirmar nuestra fe juntos e intenta convertirse en una parte de nuestra conciencia y esperanza. Es una declaración de nuestras convicciones más profundas con respecto a cómo entender la naturaleza del mundo, de Dios, de la vida y del más allá.

Me fascina recitar el credo cada semana en nuestro servicio de adoración. Juntos, con gozo y energía, exclamamos con esta declaración nuestra confesión de celebración con respecto a la vida y el mundo. Afirmamos, en medio de otros creyentes, lo que todos apreciamos con respecto a Dios y su Hijo Jesús, el Espíritu Santo, la Iglesia y la era venidera. Cada vez que recitamos juntos esta confesión antigua, me imagino a los millones de hombres y mujeres, niños y niñas a lo largo de la historia que han confesado esta misma constelación de verdades, este mismo documento, con el mismo lenguaje, la misma esperanza, y los mismos anhelos y deseos. Muchos dentro de esta corriente sagrada de confesores han tenido que derramar sangre por estas verdades, sufriendo por causa de sus creencias, incluso muriendo como mártires por defender y mantener estas afirmaciones asombrosas acerca del amor de Dios para la humanidad.

En nuestra confesión, reconocemos nuestro lugar con ellos y nos ponemos de pie junto a ellos en compromiso mutuo respecto a la revelación de Dios en Cristo. La simplicidad de su mensaje coincide con la elegancia de la historia bíblica. Entrenamos desde sus verdades a nuevos miembros y pastores, misioneros y candidatos al bautismo, penitentes que vuelven a nosotros y profesores en las escuelas teológicas. Ha demostrado ser suficiente para todos; es suficiente para nosotros, quienes amamos al Señor y la fe.

Y por eso hago un llamamiento a este elemento esencial de la fe cristiana. A través de sus enseñanzas podemos enraizar a los nuevos creyentes y facultar al teólogo, pastor u obispo, para defender la fe ortodoxa histórica. Redescubrir el poder de la teología cristiana para su vida, es lo que creemos que realmente hace la diferencia. Porque en las verdades del credo conectamos creencia con doctrina, actitud, perspectiva y esperanza. A través de nuestra fe, estamos conectados con las luchas de todos los cristianos en todas partes, en todos los tiempos y a lo largo de toda la historia. Da una visión panorámica de lo que ha sucedido y de lo que pronto se llevará a cabo en Cristo.

La pregunta de Jesús a Marta realmente es el centro de todo, es la historia bíblica que el credo resume.

> *San Juan 11:23-26 - Jesús le dijo: "Tu hermano resucitará". [24] Marta le dijo: "Yo sé que resucitará en la resurrección, en el día postrero". [25] Le dijo Jesús: "Yo soy la resurrección y la vida; el que cree en mí, aunque esté muerto, vivirá. [26] Y todo aquel que vive y cree en mí, no morirá eternamente. ¿Crees esto?"*

Su respuesta es coherente con la confesión de los cristianos a lo largo de los siglos, y debe seguir siendo nuestra respuesta en la teología, la adoración, el discipulado y el testimonio: "Le dijo: 'Sí, Señor; yo he creído que tú eres el Cristo, el Hijo de Dios, que has venido al mundo'" (San Juan 11:27).

CAPÍTULO 8

VIVIR LA VIDA BAUTIZADO

El Año Litúrgico y la Formación Espiritual

Nunca olvidaré mi bautismo. Yo recién había confesado a Jesucristo como Señor y Salvador, después de un largo combate con las drogas y de haber estado una temporada con mi esposa con los Testigos de Jehová. A través de un milagro del Señor, mi esposa y yo fuimos liberados de nuestra conexión con los Testigos de Jehová, y aceptamos a Jesucristo como nuestro Señor y Salvador. Fuimos nuevos creyentes, llenos de celo y agradecimiento y listos para hacer lo que nuestro Señor demandaba y requería. Fuimos llenos de deseo y esperanza, pasión y amor, y estábamos dispuestos, si el Señor lo permitía, a vivir el resto de nuestras vidas como siervos de Cristo.

El lugar era tranquilo, con algunos de nuestros amigos presentes, en un bautisterio de una iglesia donde asistían unos amigos muy queridos. La ceremonia fue solemne, profunda y conmovedora. Ambos nos bautizamos el mismo día, reconociendo nuestra unidad con Cristo, con su pueblo, y con nuestro compromiso con el evangelio y el Reino. En ese momento y en ese lugar determinamos darle todo al Señor, para que pudiéramos reflejar a diario nuestra unión con Cristo de la mejor forma.

Pablo habló de esta unidad en su epístola a los Romanos:

> *Rom. 6:3-5 - ¿O no sabéis que todos los que hemos sido bautizados en Cristo Jesús, hemos sido bautizados en su muerte? [4] Porque somos sepultados juntamente con él para muerte por el bautismo, a fin de que como Cristo resucitó de los muertos por la gloria del Padre, así también nosotros andemos en vida*

nueva. [5] Porque si fuimos plantados juntamente con él en la semejanza de su muerte, así también lo seremos en la de su resurrección.

El poder del bautismo cristiano es nuestra relación con Jesucristo, nuestra identificación con su historia, con su vida, muerte, sepultura y resurrección, y un día no muy lejano, con su gloria. Ser cristianos significa, por el resto de nuestras vidas, una unión y una unidad con Cristo, una participación en su vida. Su vida sería nuestra vida y su propósito nuestro propósito.

El año litúrgico es un medio antiguo por el cual la Iglesia a través de los siglos se ha identificado con la historia de Dios en Cristo. A través de los ritmos y las celebraciones del año litúrgico, los creyentes han recordado, reflexionado y participado en la vida de Jesucristo a través de la historia. Esta participación puede ser vista como una forma de vivir las implicaciones de nuestras vidas bautizadas, de los votos y la confesión que hicimos cuando reconocimos nuestra unión con Cristo y su pueblo.

LA FORMACIÓN ESPIRITUAL A TRAVÉS DE LAS ESTACIONES DEL AÑO LITÚRGICO

A fin de ver esta conexión e integración de nuestra vida con Cristo a través del año litúrgico (también llamado calendario cristiano, año cristiano y año litúrgico), sería de gran ayuda caminar brevemente a través del calendario. Es un medio para dar cuerpo a nuestra unión con la historia de Cristo Jesús de manera personal o colectiva, en el contexto de nuestra adoración y servicio, reconociendo nuestra identificación con él a través de los eventos de su vida.

El año litúrgico se divide en dos ciclos. El primero se llama el "ciclo de luz", que incluye las estaciones de Advenimiento, Navidad y Epifanía; y el segundo se llama el "ciclo de vida", que incluye las estaciones de Cuaresma, Semana Santa, Pascua y Pentecostés. Estos dos ciclos comienzan en diciembre y terminan en noviembre, y se centran en las distintas etapas asociadas con la promesa, la obra y la segunda venida de Jesucristo para la salvación.

El primer ciclo se inicia con nuestro recuerdo de la promesa de Dios de enviar al Mesías (*Advenimiento*), que anticipamos y afirmamos en el contexto de nuestras vidas, antes de celebrar el nacimiento de Cristo Jesús, el niño de Belén *(Navidad)*. Luego, la atención se dirige hacia la revelación de Cristo a los gentiles, simbolizado por el viaje de los magos hacia el niño Jesús y, a continuación, se resalta la forma en que nuestro Señor es revelado al mundo (en su presentación en el templo, en Caná de Galilea, en su bautismo, sus milagros y su transfiguración). La estación de la *Epifanía* se centra en la revelación de su misión en el mundo.

El segundo ciclo se inicia con la Cuaresma, destacando la historia de humildad de Jesús en su sumisión al Padre, mientras ponía su rostro hacia Jerusalén y la cruz *(Miércoles de Ceniza* y la *Cuaresma)*. El año litúrgico continúa con la Pasión de Cristo, narrando su última semana, su crucifixión y sepultura *(Semana Santa* y los últimos tres días, e.d., el *Triduo Pascual: Jueves Santo, Viernes Santo* y *Sábado Santo)*. Luego, mediante su resurrección de la tumba al tercer día, se anuncia la victoria de Jesús sobre el mal, el pecado y el diablo (la *Pascua)*. Después, se afirma su ascensión a la diestra del Padre en gloria (la *Ascensión)*, y se reconocen sus dotes y bendiciones, lo cual recuerda la venida del Espíritu Santo y el subsecuente nacimiento de su Iglesia en Pentecostés *(Pentecostés)*. En seguida, el año litúrgico recuerda la historia de la iglesia de Cristo a través del tiempo *(Día de Todos los Santos)*. Por último, reconoce que, a su regreso, Cristo reinará como el Señor y el Rey de todos *(Fiesta de Cristo Rey)*. Al terminar toda la celebración del año litúrgico empieza de nuevo el Advenimiento, con lo cual se inauguran las celebraciones del próximo año. Mientras se espera con interés la segunda venida del Señor como la conclusión del año litúrgico, también se prepara el recordatorio de su primera venida, empezando así el nuevo año litúrgico.

Esta visión general del año litúrgico revela absolutamente cuán objetivo y cristocéntrico es este calendario. Como una forma de aprender el camino de Cristo y de participar por la fe y las obras en ese camino, el año litúrgico ha demostrado ser un método maravilloso para centrarse en la persona y la obra de Cristo todos los días, 24 / 7, de forma individual y corporal.

UN VISTAZO A LAS ESTACIONES DEL AÑO LITÚRGICO

Habiendo visto los dos ciclos del calendario, sería aún más útil hacer un resumen de cada estación, destacando la forma en que se revela la persona de

Jesús, y la implicación de ello para nuestra teología, adoración, discipulado y alcance.

LA ESTACIÓN DE ADVENIMIENTO: LA VENIDA DE CRISTO

El tiempo de Advenimiento se centra en la primera y segunda venida de Cristo. El doble enfoque significa que con el Advenimiento comienza y termina el año litúrgico (Is. 9:1-7, 11:1-16; Mr. 1:1-8). El Advenimiento anticipa la primera y segunda venida del Señor. Los profetas de Dios anunciaron su venida y los ángeles anunciaron su nacimiento a María y los pastores. Se afirma la promesa de Dios cumplida en la llegada del Mesías a Belén. Consta de cuatro semanas antes de la celebración de la Navidad; cada semana se destaca con su propio énfasis particular, simbolizado por la corona de Advenimiento.

- Primera semana, *Anticipación*: La corona de Advenimiento nos recuerda el amor eterno de Dios, sin principio, sin fin. Las velas nos recuerdan la luz de Cristo viniendo al mundo. Encendemos la primera vela esperando la venida del Mesías, Emmanuel, Dios con nosotros.

- Segunda semana, *Anunciación*: Encendemos la segunda vela para anunciar el nacimiento del Rey Salvador, así como el ángel Gabriel anunció a María y los ángeles anunciaron a los pastores.

- Tercera semana, *Afirmación*: Encendemos la tercera vela reconociendo el cumplimiento de la promesa de Dios de nuestra salvación.

- Cuarta semana, *Llegada*: Encendemos la cuarta vela en celebración de la llegada del bebé que nació en un establo de Belén, cuyo nombre es Emanuel, Dios con nosotros.

LA CELEBRACIÓN DE NAVIDAD: EL NACIMIENTO DE CRISTO

La celebración de Navidad es para los creyentes gozosa afirmación del misterio de la encarnación del Hijo de Dios, la Palabra hecha carne en el mundo. Se celebra el nacimiento de Cristo (Lc. 2:1-20). Él entra al mundo para revelar el amor del Padre a la humanidad, para deshacer las obras del diablo y para redimir a su pueblo de sus pecados.

En Navidad, todos los creyentes alrededor del mundo celebran el nacimiento del Mesías en Belén, el Señor Jesucristo. Juntos podemos afirmar que Jesús fue y es el unigénito Hijo de Dios, el Verbo hecho carne y el hijo humano de la virgen María. En él vemos el amor de Dios revelado a toda la humanidad. Él es el misterio de Dios que hace que los corazones rotos se maravillen y regocijen. Este niño cumpliría la profecía de un Salvador que, al morir y resucitar, conquistaría al enemigo mortal de la humanidad, el diablo, nos liberaría de la esclavitud del pecado y la maldición, y restauraría la creación bajo el reinado de Dios. "¡Al mundo paz, nació Jesús; nació ya nuestro Rey!"

LA ESTACIÓN DESPUÉS DE LA EPIFANÍA: LA MANIFESTACIÓN DE CRISTO

La fiesta de la Epifanía, celebrada el 6 de enero, conmemora la venida de los Magos, quienes revelan la misión de Cristo al mundo. Luego, la estación completa de la Epifanía, enfatiza la forma en que Cristo se reveló al mundo como el Hijo de Dios (Lc. 2:32; Mt. 17:1-6; Jn.12:32). La Epifanía reconoce a Jesús como la luz de los gentiles, el que fue encontrado milagrosamente por los Magos, quienes siguieron la estrella en la búsqueda del niño Jesús. Su búsqueda y descubrimiento simbolizan a Jesús como la gloria de su pueblo Israel y la luz que brilla en la oscuridad, dando luz a las naciones y ofreciendo vida y redención al mundo. La luz de la salvación de Dios se revela a todos los pueblos en la persona de Jesús, el Hijo de Dios.

Dos conmemoraciones se observan durante el período de "tiempo ordinario"[9] durante la estación que sigue a la Epifanía:

- *El bautismo del Señor*: La conmemoración del bautismo del Señor, celebra y recuerda el bautismo de Jesús por Juan el Bautista al inicio de su

---

[9] "La palabra 'ordinario' aquí no significa ordinario en el sentido normal. ¿Recuerda los números "ordinales"–primero, segundo, tercero? A eso se refiere 'ordinario' aquí. El número de domingos al año fuera de las estaciones especiales. Sin embargo, no nos trae a la mente ninguna imagen de la forma en que otras estaciones lo hacen. De hecho, los domingos del tiempo ordinario no caen todos en el mismo período del año. Para entender el tiempo ordinario, tenemos que entender el año litúrgico en su conjunto. Tenemos que recordar el significado esencial de todas las otras estaciones y luego pensar en los ritmos del tiempo". Dan Connors, *The Liturgical Year*. Mystic, CT: Twenty-Third Publications, 2005, p. 39.

ministerio público. La verdadera identidad de Jesús como Mesías y Señor fue revelada por el descenso del Espíritu Santo sobre él en forma de paloma, y el testimonio del Padre acerca de él: "Este es mi Hijo amado, en quien tengo complacencia" (Mt. 3:17).

• *Domingo de la transfiguración*: "Nos recuerda la transfiguración de Cristo en el último domingo de la Epifanía (que es el domingo antes del Miércoles de Ceniza, el comienzo de nuestro camino cuaresmal)" [Robert Webber]. La gloria de Cristo se manifiesta en este mundo para y a través de nosotros.

LA ESTACIÓN DE LA CUARESMA: LA HUMILDAD DE CRISTO

La estación de Cuaresma es el período del año litúrgico que comienza el *Miércoles de Ceniza* y termina el sábado de *Semana Santa*. Invita a la comunidad de fe a reflexionar sobre el sufrimiento, la crucifixión y la muerte de Jesús. Siguiendo a nuestro Señor en su preparación para la pasión, nos introducimos en el camino de la cruz para la obediencia total a Dios. La estación de Cuaresma es, por tanto, un tiempo de "preparación y acompañamiento para ese camino". Como seguidores de Jesús de Nazaret, la Iglesia encuentra su vida en el sacrificio de Cristo en la cruz, en su victoria sobre el mal, el caos, el pecado y la muerte; y en su restauración de todas las cosas a través de su resurrección, su ascensión y su pronta venida.

Iniciando el Miércoles de Ceniza, acompañamos a nuestro Señor en su viaje a la Cruz, humillándonos delante de él, quien dio todo por nosotros para que podamos ser liberados del pecado, de Satanás y la tumba. El Miércoles de Ceniza históricamente se ha observado como un día de ayuno y arrepentimiento que nos recuerda que, como discípulos, nuestro viaje con Jesús termina con él en la cruz (Lc. 9:51). La observancia de la Cuaresma comienza en el Miércoles de Ceniza.

La Cuaresma es un tiempo para reflexionar sobre el sufrimiento y la muerte de Jesús. La Cuaresma también hace hincapié en "morir a sí mismo" para que, como Jesús, nos preparemos para obedecer a Dios sin importar qué sacrificio tengamos que hacer. La Cuaresma es un llamado al ayuno como una forma de afirmar esta actitud de obediencia (Lc. 5:35; 1 Cor. 9:27; 2 Tim. 2:4; Heb. 11:1-3). Siguiendo a nuestro Señor, vamos preparándonos en el camino de la cruz para una total obediencia a Dios a través de nuestras oraciones, nuestra sumisión, las ofrendas, las buenas obras y el quebrantamiento.

LA SEMANA SANTA: LA PASIÓN DE CRISTO

La Semana Santa es la semana final de la Cuaresma, comenzando con el Domingo de Ramos y terminando con el sábado de la Semana Santa, con la vigilia antes de la celebración de la Pascua. En la Iglesia primitiva, los nuevos creyentes usaban el período completo de la Cuaresma para orar, ayunar y arrepentirse, como una intensa preparación para el bautismo en la mañana de Pascua. Hoy en día, andamos en el camino de la cruz con Jesús, reflexionando en su humillación. Los servicios del jueves, viernes y sábado (llamado *Triduo Pascual*) representan los días más solemnes del año litúrgico. Aquí vemos claramente el significado de nuestro bautismo en Cristo, estando unidos con él en su sufrimiento, muerte, sepultura y resurrección.

> *En la iglesia primitiva los tres días [del Triduo Pascual] comenzaban en la noche del jueves y terminaban con la gran Vigilia Pascual del sábado por la noche. Estos servicios reciben el nombre de Triduo Pascual [o, los Tres Grandes Días] . . . Ellos son los días más santos, solemnes y serios de todo el año. Porque en esos días experimentamos y encontramos nuestro propio destino en el destino de la vergonzosa muerte de Cristo y en su triunfante resurrección.*

> ~ Robert Webber. *Ancient-Future Time.*
> Grand Rapids: Baker Books, 2004, p. 125.

La Semana Santa recuerda los eventos del sufrimiento y la muerte de Cristo: su entrada triunfal a Jerusalén celebrada el Domingo de Ramos, la entrega del mandamiento nuevo del Jueves Santo, su crucifixión y entierro del Viernes Santo, y su sepultura conmemorada en la Iglesia primitiva con la solemne vigilia de la noche del Sábado Santo, previo al Domingo de Resurrección.

- *Domingo de Ramos:* El domingo antes de la Pascua, que conmemora la entrada triunfal de Cristo (Jn. 12:12-18).

- *Jueves Santo:* El jueves antes de la Pascua, que conmemora la entrega del nuevo mandamiento y la Cena del Señor antes de la muerte de

Cristo (Mr. 14:12-26; Jn. 13). [Del latín *mandatum novarum* que significa "mandamiento nuevo" (Jn. 13:34).]

- *Viernes Santo*: El viernes antes de Pascua, que conmemora la crucifixión de Cristo (Jn. 18-19).

- *Sábado Santo*: El sábado antes de la Pascua, que fue conmemorado en la Iglesia primitiva a través de servicios solemnes y una vigilia antes de la celebración de la Pascua de la resurrección de Cristo (Jn. 18-19).

LA ESTACIÓN DESDE LA PASCUA HASTA EL PENTECOSTÉS: LA RESURRECCIÓN Y ASCENSIÓN DE CRISTO

La Pascua: La resurrección de Cristo

La Pascua se celebra el domingo después de Semana Santa y afirma con alegría la resurrección de Cristo (San Juan 20). En el domingo de Pascua celebramos la resurrección de nuestro Señor. En el tercer día después de su crucifixión, el Señor resucitó de entre los muertos en poder y gloria, verificando su identidad como el Mesías y confirmando en la cruz la victoria total sobre el pecado y el diablo. El que fue traicionado por su propio discípulo, crucificado en una cruz romana y enterrado en una tumba prestada, se levantó triunfante de la muerte mediante el poder de Dios. "¡Cristo ha resucitado!"

La ascensión de Cristo

Cuarenta días después de la resurrección, el Señor subió a los cielos en gloria y honor, a la diestra del Padre. El día de la ascensión conmemora la ascensión de Cristo al cielo, en el cual Dios "lo sentó a su diestra en los lugares celestiales, muy por encima de todo principado y autoridad, poder y dominio, y todos los títulos que se puedan dar, no sólo en el tiempo presente sino también en el venidero" (Ef. 1:20b-21; 1 Pe. 3:22; Lc. 24:17-53).

Durante cincuenta días, desde el Domingo de Pascua hasta Pentecostés, reflexionamos en las apariciones del Jesús resucitado a sus discípulos. Dada toda autoridad, Jesús sube al cielo a la diestra de Dios y nos envía la promesa del Padre, el Espíritu Santo.

El día de Pentecostés

Diez días después de la ascensión de Cristo el Espíritu Santo fue enviado al mundo, dando a luz a la Iglesia y siendo él mismo la promesa y la entrega de la bendición plena que vendría en la segunda venida de Cristo. El Pentecostés es el día que celebra la venida del Espíritu Santo a la Iglesia. En la presencia del Espíritu Santo, nuestro Señor está ahora presente con todo su pueblo.

El Pentecostés enfatiza la señal más significativa de la presencia del Reino en este mundo: La venida del Espíritu Santo. Tal como Pedro lo narró en su sermón hace tantos años, Dios había prometido que en los últimos tiempos el Espíritu de Dios se derramaría sobre la humanidad, con todo su pueblo profetizando y teniendo sueños y visiones, tanto en hombres como en mujeres. Las maravillas de Dios serían vistas en la tierra y el testimonio de la salvación de Dios en Cristo sería llevado hasta los confines de la tierra. ¡Gloria a Dios porque vivimos en esa época, en el tiempo de la presencia de la paloma celestial y la entrada del Espíritu a nuestro mundo!

En Pentecostés se conmemora la venida del Espíritu Santo a la Iglesia. El Espíritu Santo representa la presencia accesible del Dios Todopoderoso con y para su pueblo en la Iglesia. La obra completa de nuestro trino Dios al salvar a su creación y su pueblo es reconocida una semana después de Pentecostés en el *Domingo de la Santísima Trinidad*. Estamos llamados a reflexionar juntos sobre este misterio en el Domingo de la Santísima Trinidad

El Domingo de la Santísima Trinidad cae el primer domingo después de Pentecostés. En Pentecostés, Jesús se declara ser el Mesías y el Señor (Hch. 2:36) y, por supuesto, ese es el día de la venida del Espíritu Santo. La Iglesia siempre ha estado comprometida con una comprensión trinitaria de Dios y esto permite a los cristianos adorar y meditar en ese misterio.

LA ESTACIÓN DESPUÉS DE PENTECOSTÉS: EL REINADO DE CRISTO (TIEMPO ORDINARIO)

La estación después de Pentecostés representa un tiempo de reflexión sobre la obra presente de Cristo en el cielo, y la promesa y la esperanza de la obra que efectuará en su segunda venida. Durante este tiempo de la historia de la salvación, la Iglesia reconoce al Señor como la cabeza de la Iglesia, el Señor de la mies y la esperanza del mundo. Durante este tiempo consideramos los temas generales de la salvación, del señorío de Jesús, del discipulado cristiano y del avance del Reino. Es un tiempo de gobierno, cosecha y esperanza del *Reino de EL YA* y *EL TODAVÍA NO*.

Esta frase "el Reino de EL YA y el TODAVÍA NO" se refiere al Reino como "*ya*" presente en la encarnación, y también como "*todavía no*" revelado en su totalidad. La plena consumación del reino de Dios aguarda la segunda venida de Cristo.

La estación después de Pentecostés, Cristo como cabeza de la Iglesia

Durante el "tiempo ordinario", consideramos los actos salvíficos de Dios a través del tiempo. Como *Christus Victor* (el Cristo Victorioso), Jesús debe reinar hasta que todos sus enemigos sean puestos bajo sus pies. Él es la cabeza del cuerpo, la Iglesia, y ahora él faculta a su pueblo para dar testimonio de su gracia salvadora en el mundo.

La estación después de Pentecostés es un tiempo de reconocimiento y afirmación de la supremacía y el señorío de Jesucristo. Según el apóstol Pablo en su carta a los Efesios, Dios el Padre ha mostrado su poder inconmensurable al mundo mediante la resurrección de su Hijo Jesucristo. El mismo Jesús que fue humillado y maltratado en un juicio romano falso y un procedimiento adulterado del Sanedrín judío, ha sido vindicado. A través de su muerte y resurrección, Jesús el nazareno demostró ser el único y verdadero Hijo de Dios, el Cristo y Señor de todos.

La estación después de Pentecostés, Cristo como Señor de la mies

Durante la estación después de Pentecostés nos involucramos en la misión para el mundo. El Cristo resucitado y exaltado ha dado a su pueblo la comisión de hacer discípulos a todas las naciones, para difundir el evangelio de la salvación hasta los confines de la tierra. En San Mateo 9:37-38 Jesús dijo a sus discípulos: "La mies es mucha, más los obreros pocos. Rogad, pues, al Señor de la mies que envíe obreros a su mies". Los exhortó a levantar sus ojos y simplemente mirar los campos de la cosecha, los millones y millones de las naciones que necesitan saber de la gracia de Dios en el Hijo de Dios. La mies está madura y los campos están blancos; los pueblos del mundo están verdaderamente listos para la cosecha (Jn. 4:34-35).

Como Señor de la mies, Jesús ha encargado a la Iglesia a ir y hacer discípulos a todas las naciones. Durante esta estación consideremos cómo podemos avanzar el Reino de Dios mientras hablamos de la salvación de Cristo al mundo. Esta es una temporada de cosecha.

La estación después de Pentecostés, la esperanza del retorno de Cristo

Como el amanecer sigue a la noche, así nuestro Señor seguramente aparecerá en poder y gloria para reunirse con los suyos, para ponerle fin a la guerra y el pecado, y para restaurar la creación bajo la voluntad de Dios. Este es un tiempo de la esperanza del pronto retorno de Cristo.

Los ritmos del tiempo, de todos los tiempos, serán consumados con la segunda venida de Cristo. Los cristianos a lo largo de los tiempos han anhelado el momento en que Dios culmine su plan de la salvación con la revelación de su Hijo al final de esta edad. La oscuridad y la sombra de esta trágica historia humana, la terrible caída y la horrible maldición, el costoso castigo de nuestros antepasados originales y nuestra propia muerte por nuestra deliberada desobediencia, serán finalmente superadas. La gloria de Dios está destinada a cubrir todo el cielo y la tierra, y el amado Hijo y guerrero de Dios pondrá a todos los enemigos del Padre bajo sus pies. ¡Esta es nuestra esperanza y nuestro futuro!

El día de Todos los Santos y el Reinado de Cristo el Rey

El día de *Todos los Santos* es un tiempo para recordar a los héroes de la fe que han estado antes que nosotros (en especial aquellos que murieron por el evangelio). La vida de Cristo es vista ahora en el mundo a través de las palabras y los hechos de su pueblo (Jn. 14:12; Heb. 11; Ap. 17:6).

La Fiesta de Cristo el Rey se celebra el último domingo antes de Advenimiento. También llamada la *Fiesta del Reinado de Cristo*, esta expectante declaración es una importante conexión para el Advenimiento, instituida en 1925 para funcionar de manera contra-cultural en contra de la secularización del mundo moderno.

Estas dos celebraciones, el *Día de Todos los Santos* y el *Reinado de Cristo el Rey*, representan las conmemoraciones finales de la estación después de Pentecostés.

Los santos de Dios finalmente serán reunidos en ese último día, juntos en asamblea como los redimidos del Señor y Cristo nuestro Señor gobernará como Rey. Según la Escritura, Cristo volverá y terminará la obra que comenzó en la cruz, para juzgar al mundo y salvar a los suyos. *Todos los Santos* ya no serán una idea, sino una sociedad visible, y la *Fiesta de Cristo el Rey* pertenecerá al día en que Cristo reine para siempre.

LA META DE LA VIDA ESPIRITUAL: LLEGAR A SER COMO CRISTO

Esta visión de la vida y ministerio de Jesús refleja el latido del corazón del Nuevo Testamento con respecto a la formación espiritual. El objetivo de la vida espiritual y el centro de la madurez cristiana es llegar a ser como Jesucristo, para reflejar en nuestras vidas quién es él, qué hizo él y cuál es su voluntad para el día de hoy (Rom. 6:4-12; 8:29; 2 Cor. 3:17-18, 1 Jn. 2:6; 3:1-3; Flp. 2:5-11; 3:20-21). La Iglesia, y cada miembro de ella, está destinada a compartir el trono de Dios con su Señor, cuya intención es conformarnos a su imagen para que podamos compartir su gloria y reinar con él. Nos *hará como él*, para conformarnos a su propia gloria y belleza. (Mt. 11:28-30 - "Venid a mí todos los que estáis trabajados y cargados, y yo os haré descansar. [29] Llevad mi yugo sobre vosotros, y aprended de mí, que soy manso y humilde de corazón; y hallaréis descanso para vuestras almas; [30] porque mi yugo es fácil, y ligera mi carga").

En verdad, el año litúrgico nos permite seguir los pasos del Nazareno desde la promesa de su primera venida hasta la esperanza de su regreso y todos los episodios de su gran manifestación. Yo casi no conocía la plenitud y el poder de mi identificación con Cristo, la cual comenzó el día en que yo estaba ante el ministro para recibir el bautismo. Para mí, ese día fui lanzado a una aventura de aprendizaje diario acerca del camino de Cristo, participando en su voluntad a través de las historias, los servicios, las observancias, las oraciones, las liturgias y las conmemoraciones del año litúrgico. Cristo no es solamente nuestro Salvador; es nuestra vida (Col. 3:4).

Esta estrecha identificación y conexión con Cristo puede permitirnos en nuestras vidas personales, nuestras familias, congregaciones y nuestras tradiciones, compartir una peregrinación espiritual, una aventura, una esperanza y un futuro.

Por ello, el año litúrgico ha sido y seguirá siendo una dimensión integral de la identidad de la Iglesia y la vida comunitaria, es decir, nuestras *Raíces Sagradas*. A través de ella la Iglesia primitiva incorporó al nuevo converso y al penitente dentro del cuerpo de Cristo no meramente como una profesión tomada a la ligera que esencialmente operó como un seguro contra incendios en contra de la ira del infierno. La meta era tener una identificación con Cristo y su pueblo, no solamente escapar del juicio del infierno.

Más que eso, ser cristiano era un llamado a estar identificado con el Nazareno a tal punto que los eventos de su vida, en toda su riqueza y misterio, de alguna manera, por fe, se conviertan en nuestros propios eventos. Este es el significado del año litúrgico para la formación espiritual. Por supuesto, mientras adoramos siguiendo los acontecimientos de Jesús a través de los años, compartimos juntos las mismas celebraciones, lecturas y servicios. Pero, mucho más que esto, realmente también venimos a participar en la vida misma de aquel que es el único que vino al mundo por mandato del Padre, y que ahora es el modelo para todo auténtico fervor y gozo espiritual.

Gracias a Dios por la ordenanza del bautismo, pues en él llegamos a reconocer nuestra identificación plena y total con la persona de Cristo. A través del año litúrgico, la identificación que tuve con Cristo en el bautismo puede ser renovada, afirmada y disfrutada todos los días de mi vida.

Cristo es mi Salvador, es mi vida.

RAÍCES·SAGRADAS

CAPÍTULO 9

EL LLAMADO A LA AVENTURA

Redescubra la práctica de las Raíces Sagradas en su familia, iglesia y ministerio

En su fascinante libro sobre el año litúrgico, Vicki Black habla acerca de su hijo Benjamín, a quien, cuando tenía alrededor de cuatro años de edad, se le dio un estuche de espirógrafo en una fiesta de cumpleaños. La lógica del espirógrafo es básica: a medida que usted traza los remolinos, las elipses y las espirales hechas con las distintas ruedas de plástico que vienen en el estuche, girando a su alrededor una y otra vez en el interior de las ruedas, usted realiza estos alucinantes patrones en el papel. Black dice que *"la clave es el número de repeticiones: cuantas más veces él va alrededor de la rueda, más intrincada y tridimensional es la imagen que él crea".*

Ella conecta la experiencia de Benjamín con el año litúrgico,[10] con la historia de Dios, las *Raíces Sagradas* en el contexto de nuestra adoración y devoción:

> *Lo mismo ocurre con el año litúrgico. Cada año hacemos un ciclo a través de las estaciones, desde el Advenimiento hasta la estación después de Pentecostés y con cada repetición su significado se hace más texturado, rico, profundo, más sutil y complejo. A veces resaltamos una estación en particular en un año determinado y su mensaje se enfrenta a un nuevo significado, mientras que avanzamos a otra estación casi sin darnos cuenta de ello. **Al igual que las capas de elipses individuales del espirógrafo forman espirales complejas, el mover de los ciclos de la repetición y la superposición de las fiestas y ayunos del año litúrgico,***

---

[10] Vicki K. Black. *Welcome to the Church Year.* Harrisburg, PA: Morehouse Publishing, 2004, págs. 1-2.

crean patrones de significado en nuestras vidas, dando forma y sentido a los eventos que marcan nuestros días. [énfasis mío]

Todo lo que he argumentado sobre las *Raíces Sagradas* demanda que, como discípulos de Cristo, hagamos nuestra la historia de Dios en cada área de nuestra vida, conducta, adoración y nuestras relaciones. La historia de Dios no es un esquema teológico abstracto, o alguna extraña repetición de los rituales del pasado. La historia de Dios es fresca, una visión dinámica e integrada del mundo desde el punto de vista de Dios, por así decirlo, narrada por él en las Sagradas Escrituras. Nuestra vida cotidiana está destinada a ser una manifestación exterior de esta aventura de vida; y la salvación es un llamado a entrar en esta aventura, para estar, por fe, en comunión con Dios y seguir los pasos de su promesa sagrada desde el Jardín del Edén hasta su cumplimiento en la Nueva Jerusalén. Nuestras familias, nuestras congregaciones y nuestros ministerios son la manifestación exterior de esta historia, y a través de nuestra adoración y nuestras obras se nos recuerda quiénes somos, marcando el tiempo de acuerdo a las acciones salvíficas de Dios en Cristo y confesando nuestra parte e identidad dentro de la más grande comunidad de la Iglesia en todo el mundo, la cual está animada por esta misma esperanza.

En este capítulo se sugieren algunas maneras en las que podemos responder al llamado de Dios aventurándonos a través de su historia; y una lluvia de ideas de posibles herramientas que usted puede emplear para empezar a elaborar, como Benjamín, los nuevos patrones de vida, no en el papel de un espirógrafo sino, por fe, dándole forma a nuestras *Raíces Sagradas* en una nueva identidad sostenida por una visión del Reino y por el propio drama de la Biblia.

REDEFINA LA VIDA ESPIRITUAL COMO LA ADORACIÓN Y LA VIDA COMPARTIDA DEL PUEBLO DE DIOS

Nuestro primer paso para ser formados por una visión de nuestras *Raíces Sagradas* es redefinir por nosotros mismos, a la luz del propio drama de la Biblia, lo que significa ser verdaderamente espiritual ante el Señor. Mientras tratamos de entender cómo la espiritualidad puede ser ordenada por el conocimiento de nuestras *Raíces Sagradas*, debemos tener en cuenta que la historia de Jesús de Nazaret, su encarnación y vida, su muerte, sepultura y resurrección, es el corazón, la fuente y el fundamento de la vida cristiana, el punto culminante de la historia de Dios y la sustancia del año litúrgico. El evento de Cristo (es decir, aquellos eventos que componen la manifestación del Hijo de Dios en el mundo) no es un hecho aislado que se congela en un momento histórico particular para ser comprendido una sola vez y descartado como un curso obligatorio de la universidad. Por el contrario, el evento de Cristo, el esquema de la historia de Jesús testificada por los apóstoles y recordada por la Iglesia en su teología, su adoración, su discipulado y misiones, es el *summum bonum* de la vida, o como dice Webber, la narración misma de Dios para el mundo. En la historia de Jesús encontramos el verdadero significado de la vida, la verdadera fuente del bien, el corazón de lo que Dios está haciendo en el mundo y el esbozo del futuro de la humanidad. La Iglesia se centra en Cristo porque, como dice Pablo, Cristo es nuestra vida (Col. 3:4).

Por supuesto debe reconocerse que los episodios particulares que componen el evento de Cristo ocurrieron en un determinado tiempo y lugar en la historia (ej., su nacimiento, sus milagros, su muerte, etc.). Pero debido a que la revelación de Cristo en el mundo es también un evento de significado eterno, ésta trasciende en tiempo y espacio, y se relaciona con todo el tiempo que se remonta al propósito de la creación y que avanza hacia el final de la historia. La pregunta es: ¿Dónde podemos encontrar la historia de Dios confesada, recordada, escenificada y encarnada aquí en la tierra, la cual culmina en Cristo? La respuesta es clara: ¡la Iglesia! Robert Webber aclara este punto:

Aunque hay muchas maneras para hablar de la iglesia, una de las imágenes más significativas de la iglesia en el Nuevo Testamento es "el pueblo de Dios" (Rom. 9:25-26). Nosotros, la iglesia que hemos nacido en Cristo, somos los hijos e hijas de Dios en quienes el Espíritu Santo mora. Somos el pueblo del evento de Cristo. La iglesia vive entre el evento histórico de salvación y resurrección, y la venida futura de Cristo, cuando la transformación del mundo se haya completado. La iglesia tiene el significado de todos los tiempos. El mundo no sabe el significado de su propia historia, pero la iglesia sí lo sabe. A través de la disciplina del año litúrgico, la Iglesia proclama el significado del tiempo y de la historia del mundo.

~ Robert Webber. *Ancient-Future Time.*
Grand Rapids: Baker Books, 2004, p. 26.

Si redefinimos nuestra espiritualidad (es decir, nuestra identidad espiritual) en términos de la historia de Dios, podemos enfocar nuestra asamblea local en el evento de Cristo y centrar nuestra espiritualidad compartida en la historia que juntos meditamos a través del año litúrgico. En nuestra predicación, nuestra celebración de la Cena del Señor, nuestra educación cristiana, nuestras clases de membresía, nuestros ministerios de grupos pequeños, incluso en nuestro ministerio de benevolencia, nos enfocamos en el lugar que tenemos dentro de la historia de Dios. Esta redefinición nos permite cambiar nuestros intereses espirituales, desde nuestros meros intereses personales hasta nuestra lealtad en la participación con la Iglesia en la esperanza de Cristo. Podemos redefinir nuestra espiritualidad desde un viaje individual hasta un *sacerdocio real*, encarnado en la comunidad mesiánica.

De hecho, una vez que nos damos cuenta de que nosotros los creyentes somos la continuación de la historia de Dios, reafirmamos nuestro entendimiento acerca de nuestra relación con Dios como "la morada o el Templo del Señor" (1 Cor. 3:16-17; 6:19-20; Ef. 2:19-22). Cuando nos reunimos alegremente para contar y revivir la historia de Dios a través de nuestra predicación y la Cena del Señor, hacemos de nuestra reunión el corazón de la espiritualidad bíblica, e imitamos la pasión y perseverancia de la Iglesia primitiva.

Tal visión refrenaría la tendencia del actual cristianismo "sin iglesia". Sin la asamblea reunida en el culto y la oración, en la confesión de la verdad, en la predicación de la Palabra y en la celebración de la eucaristía (Cena del Señor), la historia es eclipsada y nuestros intereses personales pueden fácilmente tomar el lugar del más grande evento de nuestras vidas: la obra salvífica de Dios en Cristo a través del Espíritu Santo. Sólo a través de la Iglesia puede ser entendido, defendido, proclamado y afirmado este mensaje. La historia de Dios nos llama a una fe común en el cuerpo, no sólo a una fe aislada.

REDESCUBRA LA VISIÓN INTEGRADORA Y EL PODER DE LA HISTORIA DE DIOS PARA LA FORMACIÓN ESPIRITUAL

Tal vez la forma más práctica de redescubrir el poder de la historia de Dios es reaprender el poder del ritmo espiritual, el cual es marcado, ante todo, por una vida con propósito y esperanza. La historia de Dios sugiere que no es necesario imaginar la vida como una restricción, una carga, o un bien raro que se escapa de nosotros. Más bien, como participantes del drama de la Biblia, nuestras vidas tienen un significado en la experiencia del ritmo de vida, el cual nos libra de un tiempo tiránico, inquietante y acosador, y nos da una visión integral de la vida que está centrada en un drama en el que Dios es el actor principal. ¿Cuál es este ritmo, esta manera de marcar el tiempo que nos permite estar establecidos en cosas que realmente perduran e importan?

Creo que este ritmo son las estaciones del año litúrgico. Este enfoque en Cristo, este viaje personal y colectivo basado en la Escritura, nos permite profundizar nuestra identidad bíblica en una vida espiritual compartida que afirma nuestra bendita esperanza, nuestra visión común y nuestro único llamamiento. A través del año litúrgico, literalmente convertimos nuestros días, nuestro tiempo cronológico (del griego *cronos*), en nuestro tiempo sagrado (del griego *kairós*). Por fe, confesamos que Cristo representa la revelación del misterio de Dios a nuestro favor y confesamos que, al participar en su historia, llegamos a comprender el propósito mismo del universo y, con ello, el propósito de nuestras vidas.

La obra salvífica de Dios ilustrada en un calendario sagrado no comenzó con nosotros, sino con la observancia espiritual de la práctica del año sagrado judío y la práctica de la Iglesia primitiva. En sus fiestas y festivales, en sus observancias y celebraciones, en su teología y práctica, ellos trataron de dejar claro con sus propias vidas el mismo *drama de la redención*. En el Sabatt semanal y la Pascua, en la Fiesta de los Panes sin Levadura y el Día de la Expiación, y en el Festival de los Tabernáculos, los judíos relataron y revivieron en sus observancias *las maravillas de la revelación y la salvación de Dios* en la historia de su pueblo. Y la Iglesia primitiva, mediante el diseño y la configuración de un calendario basado en los eventos clave de la vida de nuestro Señor, hizo lo mismo. Con la cena del Señor y la adoración del domingo, "el día del Señor", con el ciclo de Cuaresma-Pascua-Pentecostés, y finalmente con el ciclo de Advenimiento-Navidad-Epifanía, la Iglesia primitiva *reforzó la importancia de Jesús de Nazaret como la revelación completa y final de Dios, acerca de sí mismo y de su voluntad para la creación.*

Verdaderamente, entonces, ya sea a través del recordatorio que Israel hacía sobre las obras divinas de la creación y el éxodo, o mediante el enfoque que la Iglesia primitiva hacía sobre la encarnación y la resurrección, donde quiera que el pueblo de Dios se reunía recordaba también nuestras raíces comunes y abrazaba su propia identidad.

Ya sea en Israel o en la Iglesia primitiva, sus observancias llevaron a los hogares las lecciones de las obras salvíficas de Dios en la historia, y más concretamente en la Iglesia, el regalo de la vida a través de la persona de Jesucristo. Estos enfoques sirvieron para que ellos profundizaran su afecto y devoción a través de una celebración disciplinada. Como cristianos, las celebraciones del año litúrgico nos arraigan en la antigua fe cristiana, la cual veía cómo todas las cosas se cumplían en la persona de Jesús de Nazaret. Estas celebraciones nos conectan con el movimiento cristiano en todo el mundo, es decir, con otros cientos de millones de creyentes que siguen siendo moldeados por la historia de Dios que culmina en Cristo, y cuyas vidas anhelan con determinación el retorno de nuestro Señor y Salvador Jesucristo.

EXPRESE EN LA PRÁCTICA SU LEALTAD A LA HISTORIA DE DIOS A TRAVÉS DE LA LITURGIA Y EL CALENDARIO CRISTIANO

La liturgia y el Calendario Cristiano (año litúrgico) nos permite marcar el tiempo de forma diaria, semanal, mensual y anual. El Señor Jesucristo es la fuente de nuestra edificación y vida espiritual. El año litúrgico en sí mismo, no contiene ningún poder espiritual o gracia para nosotros. Más bien, nuestra fuente de fortaleza y vida es siempre *el Cristo vivo*, y el *año es un medio para hacer esa conexión* real. En nuestra adoración, cantamos y proclamamos la obra de Dios en la creación, la redención y la recreación, todo centrado en la persona de Cristo. En el año litúrgico, caminamos juntos en una peregrinación espiritual a través de la vida de Cristo, a través del corazón de la historia bíblica de Dios en Cristo. Ni nuestro culto, ni nuestra formación espiritual necesitan estar asociados a una experiencia mística, teológica y filosófica, ni a liturgias específicas. Más bien, seguir los eventos de la vida de Jesús es un medio para poner nuestro afecto en las cosas de arriba, en el flujo y contexto natural de nuestros horarios y días.

Marcar el tiempo nos permite a todos compartir el mismo viaje, leer los mismos textos, meditar sobre los mismos temas, estar en un terreno común y sentarse en la misma mesa. A partir de nuestra asamblea reunida, podemos organizar el culto en torno al propósito divino de redimir a su creación. A través de las estaciones del año litúrgico afirmamos a Jesús como el Cordero reinante, nuestro *Christus*

Victor del mundo de hoy. Tanto en la liturgia como en nuestra práctica del año litúrgico, nos concentramos en la *naturaleza Cristocéntrica de la redención*, buscando incorporar en nuestras celebraciones más importantes del día de hoy la victoria viviente de Cristo.

Creo que podemos ofrecer cuidado pastoral a través de nuestro servicio de adoración y equipar a los discípulos a través de nuestro *"orden de servicio"* (*liturgia*). Cuando nos concentramos en nuestro canto, en la proclamación y en la recreación (Cena del Señor) de la obra de Dios en Cristo, podemos ayudar a todos los miembros de nuestra comunidad a aprender a participar y crecer en la fe bíblica que compartimos. Esta práctica espiritual común, esta "espiritualidad compartida", puede reforzar en toda nuestra comunión el contenido del evangelio y nos permite estar moldeados por hábitos familiares compartidos de devoción. En cada nivel de nuestra comunión –con niños, adolescentes, adultos y personas mayores– podemos animar a cada familia, grupos pequeños y congregaciones a expresar creativamente su devoción a Dios en el contexto de nuestras celebraciones, disciplinas y prácticas espirituales comunes.

A medida que usted trate de expresar nuestras *Raíces Sagradas* en su familia y su congregación, comience con algo simple y pequeño. Desarrolle y emplee un modelo sencillo para evaluar los recursos y prácticas. Mientras usted trata de incorporar la historia de manera prominente en el culto, la educación cristiana, el discipulado y la evangelización, hágase preguntas como éstas:

- ¿Tenemos claro este evento y su relación con la historia? ¿Se adapta muy bien a todas las edades y estructuras dentro de nuestra iglesia?

- ¿Cómo esta práctica / recurso recrea o recuerda este evento en la vida y ministerio de Jesús? ¿Cómo podemos conectar su mensaje a la historia bíblica?

- ¿Ha sido esta práctica / recurso eficaz en comunicar a Cristo de manera real con los distintos grupos representados en nuestra comunidad?

- ¿Cómo podemos aumentar esta práctica / recurso para obtener el máximo impacto para ayudar a otros a conocer a Cristo y darlo a conocer mediante esta celebración o conmemoración?

PLANEE EL CALENDARIO ESPIRITUAL DE SU IGLESIA DE ACUERDO A LA HISTORIA DE DIOS Y AL AÑO LITÚRGICO

La historia de Dios y el año litúrgico integran toda nuestra vida en torno a un solo tema: la persona y obra de Jesucristo. Este es uno de sus beneficios más útiles: predicadores, maestros y educadores cristianos pueden conectar todos sus ministerios y eventos de capacitación en torno a textos, temas, celebraciones y servicios comunes. Los pastores pueden organizar todo su calendario anual de predicación basado en (mas no controlado por) el leccionario común revisado. Las clases de escuela dominical pueden coincidir con los temas de los sermones. Así mismo los grupos juveniles, los estudios en hogares y aún los grupos de discipulado pueden enfocarse en textos y principios similares. Cada faceta de la vida, la comunión, el servicio y el testimonio de la Iglesia, puede ser saturada con los grandes temas de la obra de Cristo en el mundo; y nuestros énfasis semanales y mensuales pueden encajar juntos en formas que iglesias muy tradicionales nunca pudieran hacer. (Para obtener recursos sobre cómo organizar todo su año litúrgico, su educación cristiana, su agenda de predicación y ejercicios de formación espiritual en un solo calendario, vea nuestro sitio: *www.tumi.org/sacredroots*).

Seamos claros sobre la función de preparación y la formación espiritual mencionada hasta aquí en lo que al año litúrgico se refiere. Al final, nuestros esfuerzos para dar forma a nuestra educación cristiana, nuestra adoración, nuestra formación espiritual y nuestros proyectos misioneros en torno a la historia, demandará un nuevo redescubrimiento y una nueva experiencia de nuestra libertad en Cristo. Los apóstoles no enseñaron en sus escritos que *debemos usar* el año litúrgico, el leccionario, celebraciones especiales o algo parecido. Lo que ellos demandaron, y lo que debe seguir influyéndonos, es que seamos conformados a la imagen de Cristo, el mismo con quien nos identificamos en el bautismo y con quien reinaremos en el futuro (Rom. 8:29; 1 Jn. 3:2; 2 Cor. 3:18; Flp. 3:4-15, etc.). No estamos llamados a ser ritualistas o formales sin un corazón o una visión. Estamos llamados a seguir a nuestro Señor como nuestra vida, con todo nuestro corazón y toda nuestra alma, a no ser legalistas en nuestro enfoque discipulador. Cristo es nuestra vida (Col. 3:4), y rendimos todo lo demás por la excelencia de su conocimiento, del poder de su resurrección, de la comunión de sus padecimientos y nuestra esperanza de alcanzar la resurrección de los muertos (Flp. 3:8-11). La visión de Pablo debe convertirse en nuestra visión personal, nuestra visión común, nuestra visión de la iglesia y nuestra visión compartida de vida.

Los recursos de nuestras *Raíces Sagradas* le permiten tomar ventaja de su libertad en Jesús para encontrar nuevas, emocionantes e inspiradoras maneras para que la historia de Dios cobre vida en cada área de su iglesia. Deje que la historia sea la demanda principal, la gran idea, el corazón y el alma de su vida comunitaria, y aliente a los individuos y las familias a experimentar la práctica disciplinada del año litúrgico. Permita que todos puedan aprender, participar y crecer a medida que hagan de la historia una parte de su vida personal. No dé nada por sentado; haga su tarea y comprenda cada observancia tan profundamente como sea posible.

CAMINE SOLO Y EN COMPAÑÍA: DEVOCIONALES PERSONALES, FAMILIARES, CONGREGACIONALES Y EN GRUPOS PEQUEÑOS

La historia de Dios es contada anualmente a través de la narrativa de la vida de Cristo, proclamada a través del año litúrgico. Nuestras *Raíces Sagradas* pueden ayudarnos a recuperar nuestros devocionales individuales y altares familiares, en el contexto de *nuestra vida espiritual compartida dentro de la iglesia*.

Dado que todos los creyentes viven con la esperanza de la única y verdadera historia de Dios en Cristo, podemos animar a cada cristiano y cada familia a desarrollar las disciplinas de su vida espiritual a través de un *modelo espiritual* que les permita crecer *"solos y en compañía"*. Si usted recuerda, tres veces al año se le mandaba al pueblo de Dios venir a Jerusalén para la asamblea y convocatoria solemne, para recordar las obras divinas de liberación y bendición, y para adorar a Dios por su bondad soberana y maravillosa. Cuando las familias y las personas celebraban la Pascua, lo hacían en hogares individuales, pero todos comían la Pascua la misma noche y de la misma manera (Lv. 23). Aunque celebraban la Pascua solos en familia, al mismo tiempo la practicaban juntos como una nación. Así, "solos y en compañía".

Aunque usamos el año litúrgico para reconectar nuestra vida espiritual juntos en nuestras familias y congregaciones, debemos seguir retando a todos los cristianos y todas las familias cristianas a caminar con Dios en el Espíritu, a través de sus devocionales personales. Sin embargo, debemos también tratar de integrar nuestros esfuerzos y prácticas, compartiendo *juntos* con alegría el camino de

Cristo en nuestras congregaciones a través del año litúrgico y su enfoque en la persona y obra de Cristo.

Por ejemplo, a través de la estación de la Cuaresma, todos podemos leer juntos las Escrituras del leccionario (cuyos textos son leídos por cientos de miles de congregaciones), y fomentarlo en nuestras iglesias desde el púlpito, en la escuela dominical, nuestros grupos pequeños e incluso en nuestro ministerio de evangelización. Mientras nos concentramos en experiencias simultáneas y énfasis compartidos de la Biblia, en nuestros mensajes predicados y nuestro enfoque temático en todos los niveles (desde las clases de pre-kínder hasta la de adultos mayores), compartimos los mismos textos, meditaciones, pasiones, oraciones y deseos. *Cuanto más nos concentramos en los mismos episodios de la vida de Cristo, en la misma enseñanza y en la misma esperanza, empezamos a garantizar* una vida compartida juntos, y a través de esa vida, un caminar y un viaje común.

Este enfoque nos disciplinará para rechazar una definición acerca de una auténtica espiritualidad "sin iglesia". Mientras toda nuestra asamblea se enfoca en los mismos temas, textos, historias y verdades, el Espíritu puede más apropiadamente unirnos en una comunidad integrada y coherente que busca el rostro de Cristo, mientras le seguimos juntos por fe en una peregrinación espiritual compartida. Ya no vamos a ser inundados y bombardeados con decenas de mensajes en todos los sectores de nuestra iglesia, sin tener irremediablemente voces disonantes entre nosotros. Más bien, llegaremos a caminar juntos en la misma forma, basados en las mismas verdades, movidos por las mismas historias, compartiendo el mismo camino espiritual. Todo esto es posible si caminamos juntos en una vida espiritual compartida mientras seguimos la historia de Dios, redescubriendo juntos nuestras *Raíces Sagradas*.

PRACTIQUE NUEVAS EXPRESIONES DE LA HISTORIA DE DIOS EN CADA DIMENSIÓN DE LA VIDA DE LA IGLESIA

La vida de la Iglesia se vive en una forma dimensional: amistades personales, grupos pequeños de discipulado y nutrición, grupos grandes de convocación y adoración, y relaciones inter-iglesias entre congregaciones que compartan una identidad mutua. Redescubrir nuestras *Raíces Sagradas* nos permiten revitalizar todas las dimensiones de nuestra vida de iglesia, mediante el reconocimiento de nuestra historia compartida en Cristo. En todos los niveles de la Iglesia, busque integrar sus vidas en torno a la historia de Dios:

- Desafíe a los cristianos a renovar amistades basadas en una nueva apreciación de nuestra identidad y misión compartida, a través de nuestra unidad en Cristo.

- Anime a todos los miembros de sus redes de grupos pequeños a obedecer el mandato neotestamentario "unos a otros" (ej., amarse unos a otros, ser misericordiosos y perdonarse unos a otros, el honrarse unos a otros, etc.), practicando una comunidad cristiana genuina bajo una autoridad pastoral amorosa.

- Despierte su pasión por una unidad visible dentro de su congregación, practicando juntos las estaciones del año litúrgico. Elabore un calendario espiritual compartido, planeando por anticipado participar juntos en proyectos y eventos compartidos de enriquecimiento y formación espiritual. Lea y estudie las Escrituras con otros, haciendo uso del Leccionario Común Revisado, memorizando juntos la Biblia, disfrutando retiros y celebraciones especiales, reflexionando en las distintas fiestas y celebraciones durante el año litúrgico.

  Y, en todas las cosas, ¡sea creativo! Aprenda o escriba nuevos cantos para adorar durante las estaciones, diseñe servicios especiales de conmemoración y alabanza, inserte arte y danza en sus servicios, ayunen juntos y desarrollen formas específicas de expresar su unidad a través de su observancia de las estaciones.

- Encuentre formas prácticas de mostrar hospitalidad y generosidad; y participe en proyectos de servicio dentro de su iglesia y su comunidad, en conexión con su celebración del año litúrgico.

- Busque nuevas formas de vincular la evangelización personal y comunitaria y otras actividades misionales, a temas y prácticas asociadas con el año litúrgico. Conecte toda su evangelización con su participación en la historia y nuestras *Raíces Sagradas*.

RE-ADOPTE LA TRADICIÓN DIVINA COMO MEDIO PARA EXHIBIR LA VIDA DEL REINO DE "EL YA Y EL TODAVÍA NO".

La historia de Dios está directamente relacionada con la historia de nuestra Iglesia y las historias de nuestras vidas. Sin embargo, como muchos de nosotros nunca han sido expuestos al poder de la tradición divina, debemos crecer gradualmente para comprender el papel de la disciplina en el desarrollo de la espiritualidad comunal. Debemos aprender del ejemplo de Dios y su pueblo, de cómo él trazó para ellos un medio para que se acercaran a él (Éxodo-Deuteronomio). Podemos aprender mucho del esfuerzo de la Iglesia primitiva tocante a la preparación de los nuevos creyentes para el bautismo (*catecúmenos*). La Iglesia primitiva valoró mucho la acogida de nuevos creyentes en las congregaciones, estableciendo un régimen riguroso y estimulante para preparar a los candidatos al bautismo para su nuevo viaje de discipulado cristocéntrico en la Iglesia. En un sentido real, redescubrir nuestras *Raíces Sagradas* es aprender a restaurar la fe ortodoxa histórica como el corazón de nuestra identidad en la vida y el gobierno de la Iglesia.

Reaprendamos el papel que la tradición juega en nuestro discipulado cristiano y en la multiplicación del evangelio. Admitamos la utilidad de la tradición divina, y la inutilidad y los daños asociados con un formalismo muerto y una vana tradición. Admitamos que, aparte del Espíritu de Dios y su Palabra inspirada, la tradición inevitablemente obstaculiza el crecimiento espiritual, y puede conducir a la anulación de la Palabra y a una carnalidad religiosa. Es sólo cuando nos esforzamos por ser fieles a las Escrituras (la tradición apostólica), tal como se defiende en las enseñanzas ortodoxas de la Iglesia (la Gran Tradición) que podemos alcanzar madurez cristiana en nuestra espiritualidad y fruto en nuestros esfuerzos misionales.

¡Nuestro deseo no es comenzar algo nuevo para que muera pronto! Nunca debemos vivir solamente por el bien de la tradición. Lo que queremos es redescubrir y reflejar la antigua fe de los apóstoles. Nuestro objetivo debe ser nada menos que equipar a cada miembro de nuestra comunidad para participar y comunicar con claridad la historia de Dios en Cristo. Deseamos ver cumplida en nuestra vida la esperanza misma de Juan, la cual vemos en su primera epístola:

1 Juan 1:1-4 - Lo que era desde el principio, lo que hemos oído, lo que hemos visto con nuestros ojos, lo que hemos contemplado, y palparon nuestras manos tocante al Verbo de vida [2] (porque la vida fue manifestada, y la hemos visto, y testificamos, y os anunciamos la vida eterna, la cual estaba con el Padre, y se nos manifestó); [3] lo que hemos visto y oído, eso os anunciamos, para que también vosotros tengáis comunión con nosotros; y nuestra comunión verdaderamente es con el Padre, y con su Hijo Jesucristo. [4] Estas cosas os escribimos, para que vuestro gozo sea cumplido.

Esta realidad que ellos vieron, contemplaron y tocaron con sus manos, esta Palabra de vida, está viva y presente entre su pueblo en la Iglesia. Los apóstoles nos declararon su realidad para que pudiéramos tener comunión con ellos, y con el Padre y su Hijo. Esta comunión, este intercambio y esta esperanza es lo que buscamos.

PENSAMIENTOS Y SUGERENCIAS FINALES

Cuando miro hacia atrás en mi vida, me veo a mí mismo como alguien que, subiendo las escaleras oscuras de una iglesia y tratando de no caerse, se cayó por la varanda pero que a su vez se agarró de la cuerda de la campana. Para su horror, él tuvo que oír cómo la gran campana sonaba sobre él, y no sólo cómo la campana sonaba por causa de él.

~ Karl Barth. *Church Dogmatics*. Prefacio.

¡Me identifico con la cita de Barth, logrando alcanzar la varanda y agarrándome de la cuerda de la campana! En el redescubrimiento de la historia de Dios en la Escritura y su expresión en la Gran Tradición, he sido desafiado (¡obligado!) a escuchar el sonido de la gran campana sobre mí, aprendiendo de los demás acerca de cómo podemos vivir de acuerdo a la visión integrada de Dios. Si usted está interesado en aprender más sobre las *Raíces Sagradas*, me permito sugerir las siguientes cosas que pueden ayudarle a comprender mejor lo que está en juego en nuestra recuperación de la Gran Tradición de nuestras iglesias hoy en día.

- Lea el importante libro de mi amigo y colega Don Allsman, *Jesus Cropped from the Picture* (*Jesús recortado de la foto*) para tener una idea de algunas de los asuntos que han dado lugar a nuestra ignorancia de nuestras *Raíces Sagradas* en la Iglesia.

- Estudie la serie de Robert Webber *Futuro Evangélico Antiguo*, un conjunto maravilloso de libros deliberadamente escritos para ayudar a las iglesias a lidiar con el significado de la Iglesia primitiva para la fe de hoy día.

- Visite a menudo la página en la red de TUMI (*www.tumi.org/sacredroots*) para obtener más información, debates y foros sobre la Gran Tradición, el año litúrgico, leccionarios y una vida espiritual compartida.

- Haga algunas investigaciones acerca de la tradición de su propia iglesia, y trate de descubrir las maneras en que ésta ha expresado su compromiso con la historia de Dios y para defender la Gran Tradición. Aprenda cómo su propia iglesia y/o la tradición ha buscado y sigue buscando integrar y compartir su peregrinación espiritual.

- Estudie las raíces teológicas de nuestra fe en los *concilios ecuménicos y el Credo Niceno*, y relacione estas verdades eternas con su vida personal, familiar y eclesial. *El Cristianismo Clásico* de Thomas Oden, es un buen lugar para comenzar.

Mi oración es que usted permita que la historia de Dios en Cristo transforme todas las dimensiones de su vida espiritual; que usted reafirme esta historia en su teología, redescubriéndola en su adoración, que la recupere en su formación espiritual y que la cuente con frescura mientras evangeliza. La historia de Dios en Cristo, contada en las Escrituras canónicas y defendida en la Iglesia, es el gran drama que provee, como Webber sugiere, una "imaginación contraria" del mundo. Este es el drama que vivimos, que recitamos y recreamos, contando cada día, cada semana, la historia del amor y del rescate divino. El Padre es el autor de la salvación para todos nosotros, realizada en su Hijo y hecha efectiva por su Espíritu, formando un pueblo que espera su culminación.

Para aquellos de nosotros que realmente creemos que Jesús de Nazaret está aún vivo, la historia de Dios y nuestras *Raíces Sagradas* en esa historia dan forma a la historia de cada dimensión de nuestra vida. Tal como la verdadera historia del universo y la creación, buscamos enfocarnos sobre aquél campeón de la historia, aquel a quien el apóstol Juan dijo que estaba con el Padre, el que se manifestó a los apóstoles y el mismo que esperamos ver pronto en gloria. El mensaje de las buenas nuevas fue proclamado en el mundo en su generación y desde hace siglos no ha dejado de ser contado entre las naciones. Lo hemos escuchado y abrazado, y hemos sido transformados por él.

Raíces Sagradas es nada más que escuchar esa misma historia de nuevo, *como si fuera la primera vez*, tratando de integrar la historia del amor de Dios en Cristo en cada parte de nuestro ser; dejando que nos forme e inspire para defenderla con nuestras vidas, compartirla con nuestros vecinos y esperar su consumación que no retardará.

> *Grato es decir la historia, mi tema allá en la gloria, será la antigua historia de Cristo y de su amor.*
>
> ~ Katherine Hankey, 1866.

CAPÍTULO 10

RECURSOS PARA LA PARTE II, "VIVIR LA VIDA"

La Gran Tradición representa esas convicciones, compromisos y prácticas comunes recibidas de los apóstoles, que la iglesia primitiva encarnó y articuló desde el principio. El corazón de estos materiales emerge de una comprensión de la teología bíblica, es decir, del registro de las obras de Dios en el mundo. La fe cristiana afirma la obra de nuestro trino Dios, su revelación de su gloria y propósito a través de la creación, de la nación de Israel y de Jesucristo. La Iglesia, como protectora de esta revelación maravillosa, ha respondido a través de los siglos con fe, misión, adoración y gozo. Aunque nuestra práctica muchas veces ha fallado en permanecer fiel a la historia bíblica, una genuina renovación y un avivamiento siempre demandarán nuestro redescubrimiento de la obra de Dios en Cristo y nuestra respuesta fiel a dicha obra, con fe y obediencia. Nuestro reto siempre será reafirmar nuestra identidad que se nutre de estas raíces, y encontrar nuevas formas fieles de traducirlas y articularlas para el mundo.

Un gráfico que muestra tanto el fundamento objetivo como la práctica subjetiva de la historia de Dios, es el gráfico titulado *La historia de Dios: Nuestras Raíces Sagradas*. Este gráfico explica la relación de la obra soberana y salvífica de Dios en la historia, la cual culmina en Cristo, y la respuesta de la Iglesia a esa obra a través de su teología, adoración, discipulado y evangelización. Otro gráfico que ayuda a definir a la Iglesia utilizando las categorías del Credo Niceno (es decir, la Iglesia es una, santa, católica [universal] y apostólica) es *Hay un Río*. Este gráfico explica las formas en que podemos ver a nuestras iglesias como la continuación de la Iglesia cristiana original, reflejando visiblemente en nuestra adoración y servicio la unidad, la santidad, la diversidad y la apostolicidad de la Iglesia misma.

Otros gráficos son presentados aquí para ayudar a comprender mejor cómo la teología de la historia, resumida en el *Christus Victor* (el Cristo Victorioso) motivo de su obra en el mundo y en la cruz, puede integrar la vida de usted y de su testimonio. Recuerde, el corazón de la historia de Dios es esa obra objetiva que nuestro trino Dios hizo en la promesa y el cumplimiento de uno que vendría a pagar el castigo por nuestro pecado, a deshacer las obras del diablo, a restaurar la creación de la maldición y a salvar un pueblo para la gloria de Dios. En verdad, el llamado a la salvación para la humanidad, desde el punto de vista cristiano, es un llamado para recibir la gracia soberana de Dios, quien determinó redimir a un pueblo para sí mismo; y nosotros, por fe, nos hemos convertido en el pueblo de la historia.

Como los redimidos del Señor, hemos sido adoptados y regenerados, llamados para la aventura de la conquista espiritual en esta vida y para la vida eterna en el porvenir. La iglesia local es una asamblea de este sacerdocio real (1 Pe. 2:8-9), y se reúne semanalmente como el pueblo de Dios para confesar, cantar, proclamar, recrear y encarnan esta historia y para testificar en las comunidades vecinas. Los dos gráficos de *Christus Victor* (literalmente, "¡A Cristo, la victoria!") resaltan este llamado a los creyentes en la comunidad cristiana para vivir juntos la historia de Dios; y el último artículo explica la forma en que muchas de las tradiciones cristianas utilizan el leccionario para llenar anualmente las etapas generales del drama de la Biblia. Explica cómo funciona el leccionario y cuán útil puede ser para la predicación, la enseñanza y el discipulado.

- La historia de Dios: Nuestras Raíces Sagradas
- Hay un Río
- *Christus Victor*: Una visión integrada para la vida y el testimonio cristiano
- La teología de *Christus Victor*: Un motivo bíblico para integrar y renovar a la Iglesia urbana
- Compartiendo el drama de la Biblia: El Leccionario Común Revisado

LA HISTORIA DE DIOS: NUESTRAS RAÍCES SAGRADAS

El Alfa y el Omega	Christus Victor	Ven Espíritu Santo	Tu Palabra es verdad	La Gran Confesión	Su vida en nosotros	Vivir en el camino	Renacidos para servir
El Señor Dios es la fuente, sostén y fin de todas las cosas en los cielos y en la tierra. Porque de él, y para él, son todas las cosas. A él sea la gloria por los siglos. Amén. Rom. 11.36.							
	EL DRAMA DEL TRINO DIOS — La auto-revelación de Dios en la creación, Israel y Cristo			LA PARTICIPACIÓN DE LA IGLESIA EN EL DRAMA DE DIOS — La fidelidad al testimonio apostólico de Cristo y Su Reino			
	El fundamento objetivo: El amor soberano de Dios — Dios narra su obra de salvación en Cristo			La práctica subjetiva: Salvación por gracia mediante la fe — La respuesta de los redimidos por la obra salvadora de Dios en Cristo			
El Autor de la historia	El Campeón de la historia	El Intérprete de la historia	El Testimonio de la historia	El Pueblo de la historia	La Re-creación de la historia	La Encarnación de la historia	La Continuación de la historia
El Padre como *Director*	Jesús como *Actor principal*	El Espíritu como *Narrador*	Las Escrituras como *el guión*	Como santos *confesores*	Como ministros *adoradores*	Como seguidores *peregrinos*	Como testigos *embajadores*
Cosmovisión *cristiana*	Identidad *común*	Experiencia *espiritual*	Autoridad *bíblica*	Teología *ortodoxa*	Adoración *sacerdotal*	Discipulado *congregacional*	Testigo *del Reino*
Visión teísta y trinitaria	Fundamento *Cristo-céntrico*	Comunidad llena *del Espíritu*	Testimonio canónico *apostólico*	Afirmación del credo *antiguo de fe*	Reunión semanal *de la iglesia*	Formación *espiritual colectiva*	Agentes activos del *Reino de Dios*
Soberana voluntad	Representación *mesiánica*	Consolador *Divino*	Testimonio *inspirado*	Repetición *verdadera*	Gozo *sobresaliente*	Residencia *fiel*	Esperanza *irresistible*
Creador / Verdadero hacedor del cosmos	Recapitulación / *Tipos y cumplimiento del pacto*	Dador de Vida / *Regeneración y adopción*	Inspiración Divina / *La Palabra inspirada de Dios*	La confesión de fe / *Unión con Cristo*	Canto y celebración / *Recitación histórica*	Supervisión pastoral / *Pastoreo del rebaño*	Unidad explícita / *Amor para los santos*
Dueño / Soberano de toda la creación	Revelador / *Encarnación de la Palabra*	Maestro / *Iluminador de la verdad*	Historia sagrada / *Archivo histórico*	Bautismo en Cristo / *Comunión de los santos*	Homilías y enseñanzas / *Proclamación profética*	Vida Espiritual / *Viaje común a través de las disciplinas espirituales*	Hospitalidad radical / *Evidencia del reinado de Dios*
Gobernador / Controlador bendito de todas las cosas	Redentor / *Reconciliador de todas las cosas*	Ayudador / *Dotación y poder*	Teología bíblica / *Comentario divino*	La regla de fe / *El Credo Apostólico y El Credo Niceno*	La Cena del Señor / *Re-creación dramática*	Encarnación / *Anamnesis y prolepsis a través del año litúrgico*	Generosidad excesiva / *Buenas obras*
Cumplidor del pacto / Fiel prometedor	Restaurador / *Cristo el vencedor sobre los poderes del mal*	Guía / *Divina presencia y gloria de Dios*	Alimento espiritual / *Sustento para el viaje*	El Canon Vicentino / *Ubicuidad, antigüedad, universalidad*	Presagio escatológico / *El YA y EL TODAVÍA NO*	Discipulado efectivo / *Formación espiritual en la asamblea de creyentes*	Testimonio Evangélico / *Haciendo discípulos a todas las personas*

Rev. Dr. Don L. Davis. © 2009. The Urban Ministry Institute.

HAY UN RÍO:
IDENTIFICANDO LAS CORRIENTES DE UN AUTÉNTICO AVIVAMIENTO DE LA COMUNIDAD CRISTIANA EN LA CIUDAD*

Salmos 46.4 - Del río sus corrientes alegran la ciudad de Dios, el santuario de las moradas del Altísimo.

Contribuyentes a la Historia de la Fe Bíblica			
Identidad Bíblica Reafirmada	Espiritualidad Urbana Reavivada	Legado Histórico Reafirmado	Autoridad del Reino Re-enfocada
La Iglesia es Una	*La Iglesia es Santa*	*La Iglesia es Católica*	*La Iglesia es Apostólica*
Un Llamado a la Fidelidad Bíblica Reconociendo las Escrituras como la raíz y el cimiento de la visión cristiana	**Un Llamado a la Libertad, Poder y Plenitud del Espíritu Santo** Caminando en santidad, poder, dones y libertad del Espíritu Santo en el cuerpo de Cristo	**Un Llamado a las Raíces Históricas y a la Continuidad** Confesando la identidad histórica común y la continuidad de la auténtica fe cristiana	**Un Llamado a la Fe de los Apóstoles** Afirmando la tradición apostólica como la base autoritaria de la esperanza cristiana
Un Llamado a una Identidad Mesiánica del Reino Re-descubriendo la historia del Mesías prometido y su reino en Jesús de Nazaret	**Un Llamado a Ser Peregrinos y Extranjeros como Pueblo de Dios** Definiendo el discipulado cristiano auténtico como la membresía fiel entre el pueblo de Dios	**Un Llamado a afirmar y expresar la comunión gloral de los santos** Expresando cooperación local y colaboración global con otros creyentes	**Un Llamado a la Autoridad Representativa** Sometiéndonos a los dotados siervos de Dios en la Iglesia como co-pastores con Cristo
Un Llamado a una Afinidad de Credo Teniendo al Credo Niceno como la regla compartida de fe de la ortodoxia histórica	**Un Llamado a una vitalidad litúrgica, sacramental y doctrinal** Experimentando la presencia de Dios mediante la adoración, las ordenanzas y la enseñanza	**Un Llamado a la Hospitalidad Radical y las Buenas Obras** Expresando el amor del Reino a todos, especialmente a los de la familia de la fe	**Un Llamado al Testimonio Profético e Integral** Proclamando a Cristo y su Reino en palabra y hechos a nuestros vecinos y todas las personas

* Esta es una adaptación y está basada en la introspección de la declaración *La Convocatoria de Chicago* de Mayo de 1977, donde varios líderes académicos evangélicos se reunieron para discutir la relación entre el evangelicalismo moderno y la fe del cristianismo histórico.

Rev. Dr. Don L. Davis. © 2008. The Urban Ministry Institute.

CHRISTUS VICTOR (CRISTO VICTORIOSO)

Una visión integrada para la vida y el testimonio cristiano

Rev. Dr. Don L. Davis. © 2007. The Urban Ministry Institute.

Para la Iglesia

* La Iglesia es la extensión principal de Jesús en el mundo
* Tesoro redimido del victorioso Cristo resucitado
* *Laos*: El pueblo de Dios
* La nueva creación de Dios: la presencia del futuro
* Lugar y agente del Reino de el ya y el todavía no

Para la teología y la doctrina

* La palabra autoritativa de Cristo: la tradición apostólica: las santas Escrituras
* La Teología como comentario sobre la gran narrativa de Dios
* *Christus Victor* como el marco teológico para el sentido en la vida
* El Credo Niceno: la historia de la triunfante gracia de Dios

Para la vida espiritual

* La presencia y el poder del Espíritu Santo en medio del pueblo de Dios
* Participar en las disciplinas del Espíritu
* Reuniones, leccionario, liturgia y la observancia del año litúrgico
* Vivir la vida del Cristo resucitado en nuestra vida

Para los dones

* La gracia de Dios se dota y beneficia del *Christus Victor*
* Oficios pastorales para la Iglesia
* El Espíritu Santo da soberanamente los dones
* Administración: diferentes dones para el bien común

Christus Victor

*Destructor del mal y la muerte
Restaurador de la creación
Vencedor del hades y del pecado
Aplastador de Satanás*

Para la adoración

* Pueblo de la resurrección: celebración sin fin del pueblo de Dios
* Recordar y participar del evento de Cristo en nuestra adoración
* Escuchar y responder a la palabra
* Transformados en la Cena del Señor
* La presencia del Padre a través del Hijo en el Espíritu

Para la evangelización y las misiones

* La evangelización como la declaración y la demostración del *Christus Victor* al mundo
* El evangelio como la promesa del Reino
* Proclamamos que el Reino de Dios viene en la persona de Jesús de Nazaret
* La Gran Comisión: ir a todas las personas haciendo discípulos de Cristo y su Reino
* Proclamando a Cristo como Señor y Mesías

Para la justicia y la compasión

* Las expresiones amables y generosas de Jesús a través de la Iglesia
* La Iglesia muestra la vida misma del Reino
* La Iglesia demuestra la vida misma del Reino de los cielos aquí y ahora
* Habiendo recibido de gracia, damos de gracia (sin sentido de mérito u orgullo)
* La justicia como evidencia tangible del Reino venidero

LA TEOLOGÍA DE CHRISTUS VICTOR (CRISTO UN MOTIVO BÍBLICO PARA INTEGRAR Y

Rev. Dr. Don L. Davis. © 2007. The Urban Ministry Institute.

	El Mesías Prometido	El Verbo Hecho Carne	El Hijo Del Hombre	El Siervo Sufriente
Marco Bíblico	La esperanza de Israel sobre el Ungido de Jehová quien redimiría a su pueblo	En la persona de Jesús de Nazaret, el Señor ha venido al mundo	Como el rey prometido y el divino Hijo del Hombre, Jesús revela la gloria del Padre y la Salvación al mundo	Como inaugurador del Reino de Dios, Jesús demuestra el reinado de Dios presente a través de sus palabras y obras
Referencias Bíblicas	Is. 9.6-7 Jr. 23.5-6 Is. 11.1-10	Jn. 1.14-18 Mt. 1.20-23 Flp. 2.6-8	Mt. 2.1-11 Nm. 24.17 Lc. 1.78-79	Mc. 1.14-15 Mt. 12.25-30 Lc. 17.20-21
La Historia de Jesús	El pre-encarnado, unigénito Hijo de Dios en gloria	Su concepción por el Espíritu y su nacimiento por María	Su manifestación a los sabios y al mundo	Sus enseñanzas, exorcismos, milagros y obras portentuosas entre el pueblo
Descripción	La promesa bíblica para la simiente de Abraham, el profeta como Moisés, el hijo de David	Dios ha venido a nosotros mediante la encarnación; Jesús revela a la humanidad la gloria del Padre en plenitud	En Jesús, Dios ha mostrado su Salvación al mundo entero, incluyendo a los Gentiles	En Jesús, el Reino de Dios prometido ha venido visiblemente a la tierra, la cual está atada al Diablo, para derogar la maldición
Calendario Litúrgico	Adviento	Navidad	Después de Epifanía Bautismo y Transfiguración	Cuaresma
	La Venida de Cristo	El Nacimiento de Cristo	La Manifestación de Cristo	El Ministerio de Cristo
Formación Espiritual	Mientras esperamos su regreso, proclamemos la esperanza de su primera venida	Oh Verbo hecho carne, que cada corazón le prepare un espacio para morar	Divino Hijo del Hombre, muestra a las naciones tu salvación y gloria	En la persona de Cristo, el poder del reinado de Cristo ha venido a la tierra y a la Iglesia

VICTORIOSO):
RENOVAR A LA IGLESIA URBANA

El Cordero de Dios	El Victorioso Conquistador	El Reinante Señor en los Cielos	El Novio y el Rey que Viene
Como Sumo Sacerdote y Cordero Pascual, Jesús se ofrece a Dios en nuestro lugar como un sacrificio por los pedados	En Su resurrección y ascención a la diestra de Padre, Jesús es proclamado como Victorioso sobre el poder del pecado y la muerte	Mientras ahora reina a la diestra del Padre hasta que sus enemigos estén bajo sus pies, Jesus derrama sus beneficios sobre su Iglesia	Pronto el Señor resucitado y ascendido volverá para reunirse con su Novia, la Iglesia, para consumar su obra
2 Cor. 5.18-21 Is. 52-53 Jn. 1.29	Ef. 1.16-23 Flp. 2.5-11 Col. 1.15-20	1 Cor. 15-25 Ef. 4.15-16 Hch. 2.32-36	Rom. 14.7-9 Ap. 5.9-13 1 Tes. 4.13-18
Su sufrimiento, crucifixión, muerte y sepultura	Su resurrección, con apariciones a sus testigos y su ascención al Padre	El envío del Espíritu Santo y sus dones, y Cristo en reunión celestial a la diestra del Padre	Su pronto regreso de los cielos a la tierra como Señor y Cristo: la Segunda Venida
Como el perfecto Cordero de Dios, Jesús se ofrece a Dios como una ofrenda por el pecado en nombre del mundo entero	En su resurrección y ascención, Jesús destruyó la muerte, desarmó a Satanás y anuló la maldición	Jesús es colocado a la diestra del Padre como la Cabeza de la Iglesia, como el Primogénito de entre los muertos y el supremo Señor en el cielo	Mientras trabajamos en su cosecha aquí en el mundo, esperamos el regreso de Cristo, el cumplimiento de la promesa
Semana Santa La Pasión	**La Pascua** La Pacua, el Día de Ascención, Pentecostés	**Después de Pentecostés** Domingo de la Trinidad	**Después de Pentecostés** El Día de Todos los Santos, el Reinado de Cristo el Rey
El Sufrimiento y la Muerte de Cristo	La Resurrección y Ascención de Cristo	La Reunión Celestial de Cristo	El Reinado de Cristo
Que los que compartan la muerte del Señor sean resucitados con Él	Participemos por fe en la victoria de Cristo sobre el poder del pecado, Satanás y la muerte	Ven Espíritu Santo, mora en nosotros y facúltanos para avanzar el Reino de Cristo en el mundo	Vivimos y trabajamos en espera de su pronto regreso, buscando agradarle en todas las cosas

COMPARTIENDO EL DRAMA DE LA BIBLIA

El Leccionario Común Revisado

En TUMI nos esforzamos en conectar a cristianos urbanos con el movimiento cristiano mundial. Miles de congregaciones utilizan el Leccionario Común Revisado como una guía que va a través de la Biblia, diseñada para la predicación y la lectura pública de las Escrituras en la liturgia dominical, en grupos pequeños, o para lecturas privadas. Encuentre la lista de lectura del año en curso en *www.tumi.org/sacredroots*.

¿POR QUÉ DEBEMOS LEER A TRAVÉS DE LA PALABRA DE DIOS CON CRISTIANOS URBANOS?

El leccionario es un programa de lectura de la Biblia redactado específicamente para ayudar a las congregaciones a que lean a través de las secciones principales y las historias de las Escrituras en un período de tres años. Los años A, B y C se refieren a las lecturas del Evangelio de acuerdo a los evangelistas: el año A refiriéndose a Mateo, el año B a Marcos y el año C al evangelio de Lucas. Durante estos años separados las lecturas del evangelio coincidirán con estos libros.

La práctica de la lectura de las Escrituras en los servicios del culto público se remonta a la Iglesia primitiva. Este énfasis en la Palabra estaba en el corazón de la fe y adoración cristiana, y la lectura pública de las Escrituras se acomodó a un gran segmento de la población que era iletrada. Hoy en día, en el ajetreo y la naturaleza desordenada de nuestros horarios, es prudente y razonable hacer hincapié en esta práctica bíblica. Las congregaciones que fielmente emplean el leccionario no sólo estarán expuestas a la historia bíblica entera una vez cada tres años, sino también se protegerán de las tendencias modernas y postmodernas que les conducen únicamente a aquellas partes y secciones de la Escritura que están en sintonía con sus propios puntos de vista idiosincráticos. Hoy en día podemos fácilmente ignorar secciones enteras de las Escrituras, porque sentimos que ellas son "demasiado difíciles", "no relevantes", o "demasiado controvertidas". El leccionario abarca todo el territorio de la Escritura, sosteniendo la verdad paulina de que "la fe viene por el oír y el oír por la Palabra de Dios" (Rom. 10:17).

Los cristianos pueden beneficiarse al escuchar la historia que se les cuenta una y otra vez en el contexto del culto público. Los nuevos creyentes son arraigados en la historia bíblica esencial de su fe recién descubierta y los cristianos más adultos son recordados del fundamento de la roca sólida de la fe que han atesorado por años. Escuchar las grandes historias, los Salmos, las epístolas y los eventos de la Biblia en el contexto del culto, nos une en torno a nuestra fe común y construye en nosotros nuestro sentido de conexión con la gran historia del fiel amor de Jesucristo para todos nosotros. Eso es tener cuidado de nuestras almas y, junto con eso, compartir nuestra historia.

Una de las maneras más prácticas y útiles de usar el leccionario, está en la planificación de nuestros sermones y lecciones para el año. Mediante la organización de nuestros sermones, estudios y disciplinas en torno a estos textos, podemos dar a toda la iglesia un estudio compartido, permitiéndonos a todos meditar y crecer juntos mientras nos enfocamos en las mismas porciones de la Palabra todos juntos. Por sobre todo, la participación en el leccionario es nuestro vínculo con el viaje espiritual de la comunidad cristiana mundial. Mediante la lectura y la predicación de los mismos textos compartidos por miles de otras congregaciones, viajamos con el cuerpo de Cristo, afirmando nuestra conexión con la definición nicena de "una Iglesia santa, católica y apostólica". En todos los sentidos, usar el Leccionario Común Revisado puede fortalecer la fe de las iglesias urbanas, conectándolas con sus congregaciones hermanas en todo el mundo, en docenas de tradiciones específicas que también lo siguen.

LA ESTRUCTURA DE LAS LECTURAS DEL LECCIONARIO COMÚN REVISADO

El leccionario está diseñado para funcionar en ciclos de tres años. El Evangelio de Mateo determina las lecturas del Evangelio en el primer año (año A); el Evangelio de Marcos en el segundo año (o año B); y el Evangelio de Lucas en el tercer año (o año C). El Evangelio de Juan se lee en todo el leccionario en ciertos momentos de cada uno de los tres años.

¡Usted puede calcular cómo se ejecutan los ciclos de tres años! Por ejemplo, las lecturas del año A comienzan el primer domingo de Advenimiento (ej., en 2007, 2010, 2013, 2016, etc.), y el año B comienza el primer domingo de

Advenimiento correspondientemente (ej., en 2005, 2008, 2011, 2014, etc.). Por último, las lecturas del año C comenzarían en los siguientes primeros domingos de Advenimiento (es decir, en 2006, 2009, 2012, 2015, etc.).

Ya sea en su original o en una forma adaptada, una serie de tradiciones de iglesia emplean el Leccionario Común Revisado en su culto, su estudio y su predicación. Por ejemplo, la Iglesia Católica Romana utiliza el *Ordo Lectionum Missae*, que se basa en este leccionario estándar. Una gran cantidad de tradiciones protestantes emplean el Leccionario Común Revisado (conocido por sus siglas en inglés como RCL) en sus sermones y servicios, con algunas adaptaciones menores. Estas tradiciones incluyen (mas no se limitan a) la Iglesia Presbiteriana de EE.UU., la Iglesia Reformada de EE.UU., la Iglesia Evangélica Luterana de EE.UU., la Iglesia Luterana - Sínodo de Missouri, los Discípulos de Cristo, la Iglesia Episcopal en los Estados Unidos de América, la Iglesia de Cristo Unida y la Iglesia Metodista Unida. En Gran Bretaña, el RCL es utilizado por la Iglesia de Inglaterra, la Iglesia Metodista, la Iglesia Reformada Unida, la Iglesia de Gales, la Iglesia Episcopal Escocesa y la Iglesia de Escocia (Presbiteriana). Aunque la mayoría de estas y otras iglesias protestantes adaptan el RCL, miles de iglesias abrazan esta lectura como un medio para conectar a los fieles con la verdadera Palabra de Dios a través de la lectura pública y la predicación.

ENLACES EN LA RED CIBERNÉTICA ACERCA DEL LECCIONARIO

Los siguientes sitios en la red cibernética representan un ejemplo de algunos de los sitios más útiles en la red que ofrecen recursos para la predicación y la adoración de las iglesias, basados en temas y textos bíblicos del Leccionario Común Revisado.

Lectionary.org
http://lectionary.org/
Reúne una serie de recursos para ayudar al pastor ocupado

Lectionary.com
http://lectionary.com/
Lecturas del Leccionario e ideas para el sermón

AEF: Robert E. Webber Center for Ancient Evangelical Future
http://aefcenter.org/
Un importante sitio que detalla las ideas y los recursos de Robert Webber, posiblemente una de las voces más importantes que anima a la iglesia evangélica a redescubrir nuestras *Raíces Sagradas*.

CRI Voice Institute
http://www.cresourcei.org/chyear.html
Recursos para el calendario litúrgico

Sermon Search
www.sermonsearch.com
Encuentre sermones de otros pastores en internet (tiene un costo).

Preaching.com
http://www.preaching.com/
Recursos gratuitos de predicación

Kir-Shalom
http://www.rockies.net/~spirit/sermons/s-scripturally.php
Recursos para sermones y el leccionario

Textweek.com
http://www.textweek.com/
Recursos para la predicación y el leccionario

EPÍLOGO

Raíces Sagradas como un plan para
equipar líderes y facultar movimientos de plantación de iglesias

LA HISTORIA DEL EVANGELIO DE DIOS: EL MENSAJE SIMPLE QUE DEBEMOS COMPARTIR CON UN MUNDO PERDIDO

Nuestro deseo al explorar nuestras *Raíces Sagradas* es meramente misional. Como un ministerio de World Impact, TUMI se dedica a facultar movimientos de plantación de iglesias para alcanzar y transformar las ciudades de Estados Unidos. Nuestra pasión central es representar la fe ortodoxa histórica, para ver llegar a la fe salvadora en Cristo a millones de personas en áreas urbanas no alcanzadas. Deseamos que se conviertan en nuevos miembros de la historia más grande jamás contada, la historia del amor de Dios en Cristo.

Con cantidades incalculables de personas en nuestras ciudades sin el Señor y los esfuerzos anémicos que muchas iglesias de la actualidad están haciendo para llegar a ellos, sólo la multiplicación de miles de nuevas iglesias sólidas será suficiente para traer las gavillas de Dios hoy en día. Ningún movimiento de plantación de iglesias tendrá un impacto duradero a menos que sus actividades y estructuras hagan posible que iglesias locales sean sal y luz en sus comunidades, demostrando y avanzando el Reino en formas que las comunidades autóctonas puedan entender y respetar.

Jesús estaba en lo cierto cuando afirmó que su pueblo es la luz del mundo, declarándolo como una ciudad asentada sobre un monte que no se puede esconder. Así como las personas encienden las lámparas y las ponen sobre el candelero para alumbrar toda la casa, así también nosotros, como pueblo de Dios, debemos encender las lámparas en medio de la oscura ciudad. Dejemos que nuestras luces brillen delante de otros para que vean nuestras buenas obras y glorifiquen al Padre (Mt. 5:14-16). La comunidad cristiana, las asambleas de creyentes dirigidas por pastores y líderes piadosos, representan la vanguardia del Reino de Dios en la ciudad hoy en día.

Si este análisis es verdadero, entonces en última instancia, todos los esfuerzos misioneros deben enfocarse en identificar y facultar a líderes piadosos que sirvan entre distintos pueblos no alcanzados que serán facultados por el Espíritu para continuar la obra, para proteger el rebaño de Dios que Cristo ha comprado con su propia sangre. Este es nuestro mandato y nuestra carga.

¿POR QUÉ NUESTRAS RAÍCES SAGRADAS SON DE CARÁCTER INTEGRAL PARA LAS MISIONES URBANAS HOY EN DÍA?

Como personas llamadas a desarrollar líderes cristianos urbanos, hemos tratado de empezar por el principio. La historia de Dios es anterior a cualquier tipo de misión, y la defensa histórica que la Iglesia ha hecho acerca de la verdad del evangelio es el corazón de todo el discipulado y misión cristianos. Desde el comienzo de nuestra obra hemos tratado de estar en sintonía con el llamado de Dios y su propósito soberano de facultar a sus siervos y su pueblo para hacer su voluntad. Como personas comprometidas con el *mandato evangélico* de nuestra fe (es decir, la necesidad de proclamar las buenas nuevas a todos los grupos de personas que aún tienen que oír), hemos afirmado principios fundamentales de todo ministerio apostólico genuino.

Dios el Espíritu Santo llama a hombres y mujeres a cruzar barreras y declarar las buenas nuevas a los perdidos (Hch. 13:1-3). Estas personas particularmente dotadas y llamadas, son un regalo de parte del Señor para la obra en favor de su pueblo, la Iglesia. Han sido dotados con dones y llamados por el Espíritu para equipar a los santos para la obra del ministerio (Ef. 4:11-12). Por otra parte, estos hombres y mujeres llamados por Dios no son forjados por ingenio u obra humanas. Aquellos discípulos de Jesús que provienen de la ciudad que están encargados de las buenas nuevas como fieles embajadores y ministros de la reconciliación, son el fundamento de la misión.

Su esfuerzo y llamado no pueden ser reemplazados con trucos y artimañas, y sus esfuerzos no pueden ser subestimados o sustituidos por o con cualquier otra tecnología, modelo o esfuerzo. Sólo los llamados de Dios pueden hacer las obras de Dios.

Debido a que creemos profundamente en la capacidad del Espíritu para levantar hombres y mujeres que representen al Reino, hemos tratado de equipar a líderes que el Espíritu usará para dirigir y nutrir movimientos dinámicos de plantación de iglesias entre los pobres y así llegar a las poblaciones no alcanzadas de las ciudades de los Estados Unidos. Sin la fe histórica ortodoxa de los apóstoles, literalmente no habría nada que compartir. Y, sin el Espíritu levantando una nueva generación de obreros espirituales calificados para llevar ese mensaje al corazón de nuestras ciudades, no habría redención y ninguna transformación en su interior.

Nuestra investigación sobre las *Raíces Sagradas* de nuestra fe ha sido acoplada a nuestro esfuerzo continuo de responder a una pregunta básica: "¿Qué es lo que precisamente compartimos con nuestros amigos y vecinos de la ciudad, es decir, cuál es el esquema de la fe ortodoxa histórica de la cual los apóstoles hablaban y que puso al mundo de cabeza en el primer siglo?" Es una maravilla que el cristianismo se propagara en la mayor parte de la sociedad pagana romana, a menudo entre los que menos posiblemente lo comprendían dado a su trasfondo pagano, y todo esto sin la ayuda de tecnologías y herramientas con las que nosotros hemos crecido. ¿Podría ser que el Espíritu Santo, el único que nos faculta para testificar, tocó las vidas de hombres y mujeres ordinarias con la verdad del Evangelio, y a través de esa sencilla historia se convirtió el sofisticado e inmoral imperio romano en la cabeza?

EN BUSCA DE LA GRAN TRADICIÓN: NUESTRO VIAJE PERSONAL

Desde el principio, todos nosotros aquí en TUMI hemos tratado de afianzar nuestra fe y misión en la persona de Jesucristo, para la gloria de Dios, bajo la dirección del Espíritu Santo. Desde hace muchos años, hemos vinculado la devoción de nuestra propia comunidad a la vida y ministerio de Cristo tal como está escrito en las Escrituras, tratando de entender la historia de Dios no solo como algo académico, sino como nuestra propia fe y práctica espiritual. A través de nuestra experiencia de nuestras *Raíces Sagradas*, hemos sido profundamente formados mediante nuestro caminar juntos a través del año litúrgico con sus leccionarios y servicios. Estas experiencias maravillosas y variadas, basadas en nuestra adoración a Dios en Cristo a través del año litúrgico, nos han demostrado que la vida de Cristo puede ser vivida nuevamente día a día aún por nosotros los protestantes que creemos en la Biblia. Por otra parte, una apropiación evangélica del año litúrgico puede conectarnos más íntimamente a Cristo mediante nuestros servicios de adoración y nuestra práctica de disciplinas compartidas, y arraigarnos de nuevo en la historia bíblica de Dios.

Para empezar, nuestro viaje para redescubrir las *Raíces Sagradas* de la fe ha dado forma a nuestra disciplina y devoción espiritual, lo que nos permite "seguirle la pista" a los pensamientos y los sermones de decenas de miles de otras congregaciones que comparten y reflexionan sobre la historia de Dios en la vida y obra de Jesús a través del año litúrgico. En todo el mundo, las principales tradiciones de la Iglesia de Jesucristo dan eco con sus propias vidas y servicio de la historia antigua de esperanza y amor manifestada en los eventos cúspide de la vida de Cristo: su venida prometida, su nacimiento, su revelación al mundo, su humildad y servicio, su pasión y muerte, su resurrección, ascensión y segunda venida. El ritmo de esta historia es la sustancia de nuestra fe, y buscamos aquí en la oficina nacional de TUMI capacitar a cada líder para que sea un discípulo de Jesús, es decir, un seguidor y experto en la vida y ministerio de Cristo.

Por otro lado, caminar en comunidad a través de la historia nos ha ayudado a evitar los malos y diseminados énfasis que se ven en algunos círculos evangélicos de hoy. Hemos encontrado que no es fácil "mantenerse en lo principal" para evitar asuntos arbitrarios e incidentales con el fin de estar cada vez más establecidos en la fe de los santos. Como aquellos cuya adoración y práctica están vinculadas a la vida de Cristo relatada en el año litúrgico, integramos nuestro andar personal a su gran historia. En toda nuestra lectura, nuestro estudio y nuestra meditación, conectamos nuestras vidas al relato bíblico del evento de Cristo y nuestro compromiso de la Palabra al horizonte de textos proporcionados por el Leccionario Común Revisado. Tal énfasis nos abre las puertas a una rica contemplación de Jesús a través del lente de cada uno de los Evangelios (ej., el leccionario está diseñado para leer a través de la mayor parte de las Escrituras cada tres años), exponiéndonos a una vasta fuente de recursos de sermones, devocionales y enseñanzas disponibles para los creyentes que están enfocados en Cristo y afinados con el año litúrgico.

Quienes amamos y servimos al Señor en la ciudad, podemos beneficiarnos de la poderosa conexión de la historia asociada con nuestras *Raíces Sagradas* en la teología, la adoración, la formación espiritual y la misión. Desde los registros más tempranos, podemos ver el ritmo de la celebración y la conmemoración hablado por los Padres, encarnado en la Iglesia primitiva y difundido a través de los siglos. Antes de que comenzaran los desgarradores enfrentamientos del catolicismo, la ortodoxia, el anglicanismo o del protestantismo, la iglesia primitiva indivisible centró su confesión y adoración en la persona de Cristo, y trató de vivir ese enfoque en comunidad. Disciplinas como la formación espiritual desarrolladas mediante el año litúrgico sufrieron mucho abuso regional y particular a través de la Edad Media, por lo que muchos de los reformadores, como reacción a las indulgencias de Roma, "actuaron con excesivo celo". Sin embargo, una recuperación de nuestro amor por Cristo y nuestro profundo deseo de conocerle y obedecerle, puede renovar nuestro interés evangélico en la historia y llevarnos a una comunión más íntima con las antiguas tradiciones de la Iglesia, es decir, las tradiciones que tan gustosamente se enfocaban en la obra victoriosa de Cristo como el destructor del mal y restaurador de la creación.

Tal vez la mayor bendición para nosotros y para nuestros estudiantes es cuán cristocéntrica puede ser una apropiación evangélica de nuestras *Raíces Sagradas* para nuestra vida espiritual y para la misión urbana. Al volver a la historia bíblica elemental que se encuentra en el fundamento de la adoración y misión de la Iglesia–la historia de Jesús, podemos recuperar nuestra identidad y volver a ser quienes somos en realidad. Nuestras *Raíces Sagradas* nos permiten caminar hacia los latidos apostólicos y proféticos originales, con una nueva alegría y un ritmo festivo, ritmo cuyo pulso palpita en contra de esos latidos descomunales que están tan marcados en los calendarios civiles y en la sociedad secular.

ESPIRITUALIDAD COMPARTIDA, CONTEXTUALIZACIÓN CULTURAL Y ESTANDARIZACIÓN DINÁMICA

Cuando pensamos en el futuro, creemos que redescubrir nuestras *Raíces Sagradas* puede asegurar que los nuevos líderes cristianos urbanos y sus congregaciones crezcan hacia la madurez y formen nuevas asociaciones entre ellos. Revitalizar a las iglesias urbanas puede ser usado por el Señor para desencadenar fuertes movimientos evangélicos de plantación de iglesias en la ciudad. Cuando las iglesias urbanas comparten una identidad común con el resto del cuerpo que expresa la Gran Tradición (espiritualidad compartida), pueden defender entonces nuestra fe ortodoxa histórica. Cuando estas iglesias afirman su libertad cultural para encarnar la Gran Tradición en su propia cultura (la identidad de las personas del grupo), pueden compartir el evangelio con todas las personas, independientemente del trasfondo o el idioma. Y, cuando comparten los mismos protocolos y recursos que la Gran Tradición hace posible (estandarización dinámica), éstas pueden reproducir movimientos que multiplicarán miles de iglesias culturalmente propicias entre los pobres de las ciudades del mundo. Estos tres elementos, empujados por un profundo compromiso de descubrir y expresar la Gran Tradición, pueden asegurar que nuevas comunidades de fe crezcan en zonas urbanas no alcanzadas por el evangelio (véase el gráfico *La naturaleza de movimientos dinámicos de plantación de Iglesias* en la página 153).

Conforme pasa el tiempo, intentamos habilitar a los líderes e iglesias que surgen de estas iglesias y de los movimientos que se generan, a que participen como miembros activos de las redes más grandes de asambleas saludables, donde también pueden aprender la historia de Dios y ser enriquecidos por un compañerismo dinámico a través de nuestras *Raíces Sagradas*. Confiamos que Dios facultará a una nueva generación de iglesias de la ciudad, para unirse de manera explícita con el fin de cumplir la Gran Comisión entre los más pobres de los Estados Unidos y, hasta donde sea posible, de todo el mundo.

Usted podría preguntarse, ¿cómo podría ser esto? ¿Cómo pueden las iglesias mayormente pobres y pequeñas, muchas de las cuales están en estado de sitio y luchando por sobrevivir, ser la esperanza de un movimiento misionero incipiente en los Estados Unidos y el mundo? ¿No es eso una visión tonta, incluso, un insulto? ¿Cómo puede Dios salvar al mundo a través de iglesias que están siendo plantadas entre los pobres no alcanzados de Estados Unidos? ¿Qué tiene que ver toda esta discusión acerca de tradición, espiritualidad y trasformación, con el mundo que está escuchando las buenas nuevas en nuestra generación? Pues, para nosotros, ¡todo!

LA CONSPIRACIÓN DIVINA: EL PRINCIPIO DE REVOCACIÓN

El mero latido de la historia de Dios es que el Reino de Dios en Cristo Jesús va en contra de cualquier cosa imaginable y posible del reino de este mundo. En otras palabras, creemos que el avivamiento y la renovación podrían surgir de la gente pobre de la ciudad precisamente porque son los menos propensos a ser considerados como los héroes y heroínas del Reino.

¿No es evidente que Dios escoja al incapaz, al rechazado y al iletrado para avergonzar al sabio, al fuerte y al soberbio? En el Reino de Dios los pobres se convertirán en ricos y los ricos en pobres (Lc. 6:20-26). Los infractores de la ley y los de poco mérito se salvarán y los llamados herederos serán descartados (San Mateo 21:31-32). El que se enaltezca será humillado, y el que se humille será exaltado (San Lucas 18:14). Aquellos que no ven, verán, y los que ven se volverán ciegos (San Juan 9:39-41). Dios ha escogido lo necio del mundo, para avergonzar a los sabios, y lo débil del mundo para avergonzar a lo que es fuerte; ha escogido lo vil y despreciado del mundo, lo que no es, para anular lo que es (1 Co. 1:27 y sig.). El joven pastor David, sin ser invitado a la batalla, se convierte en el campeón de Israel; y María, una virgen joven desconocida hija de Israel, es llamada a portar al Mesías en su vientre.

En nuestra mente, el simple principio de la revocación sugiere que Dios puede, a través de su Espíritu Santo, llamar a una generación fuera de la ciudad para redescubrir la historia de Dios, de tal manera que nuevamente se generen nuevos movimientos de amor, gracia y sanidad en las comunidades devastadas por las oscuras mentiras del enemigo. Como ve, la historia promete inequívocamente que su campeón, Cristo Jesús, de hecho superará los poderes de las tinieblas y establecerá un Reino que no se desvanecerá. En verdad, el reino de este mundo se convertirá en el Reino de nuestro Dios y de su Cristo, y él reinará por los siglos de los siglos (Ap. 11:15). Nada puede detener esto o impedir su cumplimiento. Pronto y muy pronto sucederá.

"HAY SUFICIENTE ESPACIO EN EL REINO DE MI PADRE, ELIJA SU ASIENTO Y SIÉNTESE"

Uno de los cantos *góspel* cantado en mi iglesia local cuando yo era niño era "Hay suficiente espacio". Una melodía tradicional sureña que estremeció con la verdad del Reino a un grupo de personas negras marginadas que fueron tratadas como ciudadanos de segunda clase. Sin ira ni rencor, estas queridas familias gritaron la esperanza de la historia más grande, la historia de Dios, que en el Reino hay suficiente espacio. En el Reino hay espacio suficiente para todos. En el Reino, todos los que dicen sí pueden entrar en el amor de Dios en Cristo Jesús. Sí, en el Reino del Padre, hay suficiente espacio.

Más que nunca, necesitamos hombres y mujeres que puedan trascender la duda que hoy por hoy es expresada en muchas partes, respecto a la capacidad del Espíritu para transformar a la gente de la ciudad a la imagen de Cristo por la gracia mediante la fe. Más que nunca, necesitamos una nueva generación de discípulos hambrientos de Cristo, que vayan "hacia delante mirando hacia atrás", es decir, que redescubran la Gran Tradición que dio origen a nuestras numerosas comunidades cristianas, generando numerosos mártires y misioneros, y que sigue inspirando a una nueva generación de líderes que ministrarán el amor de Dios en lugares donde Cristo no se conoce hoy en día. La misma historia es capaz de transformarnos y levantar un pueblo en la ciudad de Dios.

Todavía puedo oírlos cantar a puro pulmón en aquella pequeña iglesia urbana:

Hay suficiente espacio, suficiente espacio,
Suficiente espacio en el Reino de mi Padre.
Hay suficiente espacio, suficiente espacio,
Elija su asiento y siéntese.

La historia no ha terminado. El Padre aún la está dirigiendo, el Hijo sigue siendo protagonista de ella y el Espíritu sigue narrándola en miles de idiomas en decenas de millones de lugares.

Hay suficiente espacio, y aún hay un lugar para usted y un papel para que usted lo desempeñe.

LA NATURALEZA DE LA DINÁMICA DE LOS MOVIMIENTOS DE PLANTACIÓN DE IGLESIAS

Plano/Mapa de los elementos de la misión urbana eficaz

Rev. Dr. Don L. Davis. © 2009. The Urban Ministry Institute.

Una Apreciación Misional de Movimientos Dinámicos de Plantación de Iglesia				
Elementos	Espiritualidad Compartida	Identidad del Grupo	Estandarización Dinámica	Nivel de Utilidad
Término	*Formación Espiritual*	*Contexto*	*Multiplicación*	
Definición	Posee una identidad espiritual común en una iglesia local que expresa la Gran Tradición	Afirma nuestra libertad en Cristo para encarnar la fe dentro de un grupo étnico y la cultura	Reproduce eficazmente iglesias saludables a través de recursos compartidos	
Explicación	Supone una distintiva identidad espiritual apostólica encarnada en una iglesia local (por qué y qué)	Condiciona cómo esa identidad es comprendida y practicada (dónde y con quién)	Determina cómo esa identidad se forma, se alimenta y se multiplica (cómo)	
Carga	Expresar una visión y disciplina espiritual común en una práctica compartida	Contextualizar dentro de una cultura o un grupo de personas	Organizar y coordinar recursos para el bien común	
Enfoques Alternativos en la Plantación de Iglesias — Modelo 1	Identidad cultivada sobre la espiritualidad y la práctica	Atención completa a la cultura y la etnia	Estructuras integradas y protocolos comunes	*Sumamente Efectivo*
Enfoques Alternativos en la Plantación de Iglesias — Modelo 2	Elementos compartidos de espiritualidad y práctica	Más atención a la cultura y la etnia	Estructuras voluntarias y protocolos opcionales	*Muy Efectivo*
Enfoques Alternativos en la Plantación de Iglesias — Modelo 3	Espiritualidad y práctica divergente y diferente	Un poco de atención a la cultura y la etnia	Estructuras iconoclastas y protocolos diferentes	*Menos Efectivo*
Enfoques Alternativos en la Plantación de Iglesias — Modelo 4	Enfoques fragmentados de espiritualidad y práctica	Ninguna atención a la cultura y la etnia	Estructuras arbitrarias y protocolos al azar	*Casi nada de Efectivo*

Historia e identidad (*nuestro patrimonio común*). Nuestros movimientos de plantación de iglesias deben basarse en la Gran Tradición y, al mismo tiempo, identificarse dentro del cuerpo de la Iglesia que comparte una identidad e historia común que todos abrazan, sin importar su cultura u origen étnico.

Membresía y pertenencia (*nuestra disciplina común*). Nuestros movimientos de plantación de iglesias deben basarse en presentaciones evangélicas e históricamente ortodoxas del evangelio, que resulten en conversiones a Jesucristo e incorporación dentro de iglesias locales sólidas y saludables.

Teología y doctrina (*nuestra fe común*). Nuestros movimientos de plantación de iglesias deben basarse en una teología común y en una educación cristiana (catecismo) que reflejen una fe común enraizada en la Gran Tradición.

Culto y la liturgia (*nuestra adoración común*). Nuestros movimientos de plantación de iglesias deben compartir una himnología, liturgia, simbología y formación espiritual que les permita adorar y glorificar a Dios, y que los rete a contextualizar la fe en formas que atraigan y gusten a la población urbana.

Convocatoria y asociación (*nuestra asociación común*). Nuestros movimientos de plantación de iglesias deben tratar de conectar, vincular y asociar entre sí las congregaciones y líderes dentro de nuestros movimientos, mediante una comunicación regular, comunión y cooperación en la misión.

Ministerios de justicia y apoyo (*nuestro servicio común*). Nuestros movimientos de plantación de iglesias deben demostrar el amor y la justicia del Reino en la ciudad, en formas prácticas que permitan a sus congregaciones amar a sus vecinos así como se aman a sí mismos.

Recursos y finanzas (*nuestra administración común*). Nuestros movimientos de plantación de iglesias deben manejar sus asuntos y recursos financieros con políticas inteligentes, racionales y reproducibles, que permitan el buen manejo de nuestro dinero y nuestros bienes.

Gobierno de la Iglesia (*nuestro sistema de gobierno común*). Nuestros movimientos de plantación de iglesias deben organizarse en torno a un sistema de gobierno común y a políticas que permitan una gestión eficaz de sus posibilidades y recursos.

Liderazgo de las políticas y estrategias de desarrollo (*nuestro pastoreo común*). Nuestros movimientos de plantación de iglesias deben identificar, equipar y apoyar a pastores y misioneros en nuestras congregaciones que se unan a nuestros líderes en fe y práctica.

Evangelización y Misiones (*nuestra misión común*). Nuestros movimientos de plantación de iglesias deben coordinar sus esfuerzos y actividades para dar claro testimonio de Jesús en la ciudad, resultando en la plantación de un número significativo de nuevas congregaciones que se unan a nuestros movimientos lo más pronto posible.

RAÍCES·SAGRADAS

APÉNDICES

RECURSOS PARA EL VIAJE

APÉNDICE 1

WORLD IMPACT
Y EL INSTITUTO MINISTERIAL URBANO

Dr. Keith Phillips, Presidente
2001 S. Vermont Avenue
Los Ángeles, CA 90007
www.worldimpact.org

World Impact es una organización misionera cristiana dedicada a ministrar el amor de Dios en las ciudades de los Estados Unidos. Su propósito es honrar, glorificar y deleitarse en Dios en las ciudades urbanas, conociéndole y dándolo a conocer. World Impact ministra transculturalmente a personas no alcanzadas por el evangelio de Jesucristo, por medio de la evangelización, el seguimiento, el discipulado y la plantación de iglesias autóctonas. World Impact faculta a discípulos urbanos, capacitando al liderazgo para el avance del Reino de Dios.

Lugares de Ministerio
Cerca de 300 empleados, en 11 ciudades y 4 campamentos: Los Angeles, Watts, San Diego, San Francisco, Oakland, Fresno, St. Louis, Wichita, Dallas, Chester, Newark; los campamentos son: The Oaks (CA), Rancho Morning Star (KS), Campamento Cristiano Deer Creek (CO), y Harmony Heart (PA).

Creemos que ninguna otra organización en la historia de nuestra nación ha sido más facultativa y de mucho alcance para la ciudad que la iglesia de Jesucristo. Nos dedicamos, por lo tanto, a la plantación de cuanta iglesia sea posible entre los no alcanzados de las ciudades de Estados Unidos. Nuestros misioneros tratan de cruzar las barreras de clase y cultura, de alcanzar a los perdidos con las buenas nuevas del evangelio de Jesucristo y formar iglesias culturalmente propicias que ministrarán eficazmente entre la gente pobre.

- Somos *encarnacionales*: Todos nuestros misioneros viven en las comunidades donde ministran.

- Somos *evangélicos*: Presentamos a Cristo a los no creyentes a través de clubes bíblicos, estudios bíblicos y servicios de adoración.

- Somos *orientados al discipulado*: Nutrimos a las personas para la madurez en Cristo y los entrenamos para que enseñen a otros.

- Somos *compasivos*: Demostramos el evangelio que predicamos proveyendo:
  ~ Escuelas cristianas de primaria y secundaria
  ~ Comida, ropa, medicina y albergue cuando hay emergencias
  ~ Retiros y campamentos cristianos
  ~ Capacitación para obtener empleo
  ~ Tutoría
  ~ Programas de deportes y recreación
  ~ Clínicas médicas y dentales

Nuestra visión de plantación de iglesias: Plantar cuanta iglesia sea posible tan pronto como sea posible entre los no alcanzados más pobres de Estados Unidos

En 1965, Keith Phillips, mientras estudiaba en UCLA, comenzó a enseñar en los clubes bíblicos de Juventud para Cristo en la ciudad de Watts. Él comenzó a reclutar estudiantes de BIOLA para ser voluntarios junto con él, y el ministerio urbano hacia los más pobres creció. En 1971, Dios llamó a Keith para el ministerio a tiempo completo y fue así como fundó World Impact. Los misioneros a tiempo completo se trasladaron a las comunidades donde ellos servían. La evangelización a niños se expandió también para adolescentes y familias enteras.

Durante la década de los 70's, mientras se sostenía un fuerte énfasis en la evangelización, World Impact se enfocó más en el discipulado. A principios de la década de los 80's, World Impact inició ministerios integrales para la persona, manteniendo a su vez su prioridad de evangelización y discipulado.

Durante la década de los 80's, los esfuerzos de evangelización y discipulado estaban dando frutos y nuevos creyentes eran formados dentro de las comunidades de adoración, llevando a World Impact a plantar iglesias culturalmente relevantes dentro de las ciudades. El enorme número de inmigrantes de Centroamérica y Asia, junto con el creciente número de gente pobre en las ciudades, marcó la necesidad no sólo de evangelizar y discipular a los individuos, sino de establecer nuevas iglesias entre los pobres. En 1990, la plantación de iglesias se convirtió en la principal estrategia para evangelizar, equipar y capacitar a la gente pobre.

Desde entonces, World Impact ha buscado agresivamente plantar iglesias autóctonas saludables en las ciudades de todo el país. Además, actualmente estamos asociados con otras iglesias y denominaciones evangélicas con el fin de enviar misioneros pioneros a las comunidades urbanas no alcanzadas, con la meta de plantar cuanta iglesia sea posible lo más rápido posible, entre los más pobres no alcanzados de los Estados Unidos.

Facultando a la ciudad: Fundando El Instituto Ministerial Urbano (TUMI)

En 1995 World Impact estableció El Instituto Ministerial Urbano a fin de facilitar el avance del Reino en los Estados Unidos. Diseñado para equipar a iglesias y organizaciones para poner en marcha sus propios centros de formación, TUMI trabaja con docenas de socios mediante satélites, la mayoría de los cuales ya han comenzado clases de capacitación y programas de desarrollo de liderazgo. Mientras World Impact sigue plantando iglesias y asociándose con otros para alcanzar a los no creyentes de Estados Unidos, El Instituto Ministerial Urbano trabajará con ellos para capacitar a sus líderes e iglesias. Nuestra pasión es equipar a una nueva generación de pastores, obreros cristianos y misioneros urbanos, para que ministren de manera efectiva en los barrios urbanos, y salgan a trabajar en pos de la sanidad y transformación de la ciudad.

Como centro de investigación de World Impact, TUMI busca equipar a líderes de iglesias urbanas, especialmente entre los pobres, para avanzar el Reino de Dios. Facultamos movimientos de plantación de iglesias entre los pobres para alcanzar y transformar las ciudades de los Estados Unidos.

Desde 1995, TUMI ha tratado de equipar a líderes que pastorearán iglesias urbanas y supervisarán el avance del Reino a través de la plantación de iglesias en las ciudades. A través de nuestros diversos eventos y recursos de capacitación, TUMI se esfuerza por ver juntos a los líderes evangélicos y las iglesias de estos movimientos en una explícita unidad, con el fin de cumplir la Gran Comisión entre los pobres de los Estados Unidos. Comenzando con los pobres no alcanzados de Estados Unidos, estamos desafiando a cada líder cristiano de la ciudad, cada iglesia urbana y cada denominación, a colaborar con sus dones, esfuerzos y recursos para el avance del evangelio de Cristo y su Reino en cada comunidad urbana pobre de la tierra.

Visite nuestra página en la red, www.tumi.org, para ver los recursos que hemos desarrollado acerca de la necesidad de unir nuestros esfuerzos para un enfoque común sobre las misiones entre los más pobres de las ciudades, a través de la plantación de iglesias.

APÉNDICE 2

LA VISIÓN DE
EL INSTITUTO MINISTERIAL URBANO (TUMI)

Rev. Dr. Don L. Davis. © 2007. The Urban Ministry Institute.

Habacuc 2:2-4 - Y Jehová me respondió, y dijo: "Escribe la visión, y declárala en tablas, para que corra el que leyere en ella. [3] Aunque la visión tardará aún por un tiempo, más se apresura hacia el fin, y no mentirá; aunque tardare, espéralo, porque sin duda vendrá, no tardará. [4] He aquí que aquel cuya alma no es recta, se enorgullece; mas el justo por su fe vivirá".

Facilitar movimientos pioneros de plantación de iglesias entre las comunidades urbanas más pobres aún no alcanzadas de los Estados Unidos
El Instituto Ministerial Urbano es un ministerio de World Impact, una organización misionera interdenominacional dedicada a la evangelización, el discipulado y la plantación de iglesias entre la gente más pobre de los Estados Unidos. Como centro de capacitación e investigación de World Impact, TUMI busca generar y facilitar estratégicamente movimientos autóctonos y dinámicos de plantación de iglesias entre los pobres, para llegar a las poblaciones marginadas de las ciudades de los Estados Unidos.

Con el fin de alcanzar este objetivo, ayudamos a formar alianzas estratégicas entre pastores urbanos, obreros cristianos y misioneros, junto con iglesias, denominaciones y otras organizaciones del Reino, a fin de activar robustos movimientos evangélicos pioneros de plantación de iglesias en la ciudad. Nuestra esperanza es que estos movimientos multipliquen miles de iglesias evangélicas culturalmente apropiadas entre los más pobres de Estados Unidos. Ofrecemos nuestra experiencia para asegurar que las iglesias en estos movimientos glorifiquen a Dios el Padre en su identidad cristocéntrica, en su adoración espiritual y su vida comunitaria, defendiendo la fe ortodoxa histórica y participando tanto en la justicia social orientada en el Reino como en la misión evangélica.

Equipar líderes que sirven a las iglesias de movimientos evangélicos de plantación de iglesias

Además, nos esforzamos en asegurar que los líderes y las congregaciones de estos movimientos de plantación de iglesias estén equipados para los ministerios urbanos eficaces y facultados para tener una identidad compartida con otros líderes e iglesias.

Nos esforzamos también para lograr que líderes e iglesias derivados de estos movimientos participen como miembros activos de redes más grandes de asambleas saludables, donde ellos pueden ser fortalecidos en su adoración y discipulado, y ser enriquecidos mediante una dinámica y continua comunión. Facilitamos el establecimiento de estructuras eficaces de supervisión y administración piadosas, las cuales los protegerá del cisma y la herejía, estimulándolos a colaborar juntos a través de proyectos estratégicos de caridad, servicio y misión.

Engendrar nuevas iniciativas agresivas de plantación de iglesias entre los más pobres de los Estados Unidos y alrededor del mundo

Por último, haremos todo lo posible para ver que los líderes evangélicos y las iglesias de estos movimientos sostengan una verdadera unidad, con el fin de cumplir la Gran Comisión entre los pobres de los Estados Unidos y en todos los lugares posibles del mundo. Comenzando con la gente más pobre que aún no ha sido alcanzada en los Estados Unidos, retaremos a cada líder cristiano, cada iglesia y cada movimiento de plantación de iglesias, a colaborar con sus dones, esfuerzos y recursos para avanzar el evangelio de Cristo y su Reino en cada comunidad pobre de la tierra. Comenzaremos con nuestra propia Jerusalén y Judea aquí en los Estados Unidos, y esperamos crecer a lo largo de este continente y en nuestro hemisferio.

En última instancia, trataremos de ayudar a estos mismos movimientos de plantación de iglesias entre los pobres de los Estados Unidos, para avanzar agresivamente el Reino mediante la rápida multiplicación de movimientos similares de plantación de iglesias entre los más pobres no alcanzados de las mega ciudades del mundo, especialmente aquellas que son reconocidas como las ciudades de enlace dentro de la Ventana 10/40.

APÉNDICE 3

BIBLIOGRAFÍA SELECTA ACERCA DE LOS CREDOS Y LA GRAN TRADICIÓN

Un listado abreviado acerca del Credo Apostólico, del Credo Niceno y de la fe cristiana primitiva:

Bethune-Baker, J. F. *An Introduction to the Early History of Christian Doctrine.* London: Methuen & Co., 1933.

Bloesch, Donald. *Essentials of Evangelical Theology.* San Francisco: Harper and Row, 1978.

Burnaby, John. *The Belief of Christendom : A Commentary on the Nicene Creed.*

Chadwick, Henry. *The Early Church, Penguin History of the Church 1.* Rev. ed. New York: Penguin, 1994.

Ferguson, Everett, Michael P. McHugh, and Frederick W. Norris, eds. *Encyclopedia of Early Christianity.* 2nd ed. New York: Garland Publishing, 1998.

Frend, W. H. C. *The Rise of Christianity.* Philadelphia: Fortress Press, 1984.

González, Justo. *Historia del Pensamiento Cristiano.* Miami: Editorial Caribe Inc., 1992.

Heim, Mark S. ed. *Faith to Creed: Toward a Common Historical Approach to the Affirmation of the Apostolic Faith in the Fourth Century.*

Howell, James C. *The Life We Claim: The Apostles' Creed for Preaching, Teaching, and Worship.* Nashville: Abingdon Press, 2005.

Kelly, J. N. D. *Early Christian Doctrines.* 5th ed. London: A & C Black, 1985.

--------. *Early Christian Creeds.* London: Longman, 1972.

Leith, John H. Ed. *Creeds of the Churches: A Reader in Christian Doctrine from the Bible to Present*. 3rd Edition. Atlanta: John Knox Press, 1982.

Little, Paul. E. *Know Why You Believe: Connecting Faith and Reason*. Downers Grove, IL: InterVarsity, 2000. ISBN # 0-8308-2250-X

-------. *Know What You Believe: Connecting Faith and Truth*. Colorado Springs, CO: Victor Cook Communications, 2003.

McGrath, Allister. *"I Believe": Exploring the Apostles' Creed*. Downers Grove: InterVarsity Press, 1991, 1997.

Pelikan, Jaroslav. *The Christian Tradition: A History of the Development of Doctrine, vol. 1: The Emergence of the Catholic Tradition (100-600)*. Chicago: The University of Chicago Press, 1971.

Seitz, Christopher R. ed. *Nicene Christianity: The Future for a New Ecumenism*. Grand Rapids: Brazos Press, 2001.

Simpson, Gregory. *The Nicene Creed for Today*.

Torrance, Thomas J. *The Incarnation-Ecumenical Studies in the Nicene-Constantinopolitan Creed A.D. 381*. (April 1981).

-------. *The Trinitarian Faith: The Evangelical Theology of the Ancient Catholic Church*. Edinburgh: T & T Clark, 1988.

Webber, Robert E. *Ancient-Future Faith: Rethinking Evangelicalism for a Postmodern World*. Grand Rapids: Baker Books, 1999/2006.

-------. *Ancient-Future Time: Forming Spirituality through the Christian Year*. Grand Rapids, MI: Baker Books, 2004.

-------. *Common Roots: A Call to Evangelical Maturity*. Grand Rapids, MI: Zondervan, 1979.

Willis, David. *Clues to the Nicene Creed: A Brief Outline of the Faith*. Grand Rapids: Eerdmans Publishing, 2005.

Una bibliografía útil sobre los inicios de la historia de la Iglesia y la Gran Tradición:

Aulen, Gustaf. *Christus Victor*.

Barnett, Paul. *Jesus and the Rise of Early Christianity*.

Bauckham, Richard. *Jesus and the Eyewitnesses: The Gospels as Eyewitness Testimony*.

Brown, Peter. *The World of Late Antiquity*.

------. *Power and Persuasion in Late Antiquity*.

------. *Society and the Holy in Late Antiquity*.

------. *The Body and Society*.

------. *The Cult of the Saints*.

------. *The Rise of Western Christendom, 200 -1000 A. D. Triumph and Diversity*.

Buschart, W. David. *Exploring Protestant Traditions: An Invitation to Theological Hospitality*. Downers Grove: IVP Academic Press, 2006.

Clark, Elizabeth. *Women in the Early Church*.

Coakley and Sterk. *Readings in World Christian History*.

Dalrymple, William. *From the Holy Mountain*.

Donfried and Richardson. *Judaism and Christianity in First Century Rome*.

Drijver, Hans. *East of Antioch: Studies in Early Syriac Christianity.*

Ehrman, Bart. *After the New Testament, a Reader in Early Christianity.*

Evangelical Training Association (ETA). *Perspectives form Church History.* Wheaton, IL: Evangelical Training Association, 1996.

Flusser, David. *Jewish Sources in Early Christianity.*

Fox, Robin Lane. *Pagans and Christians.*

Frend, W. H. C. *Martyrdom and Persecution in the Early Church.*

------. *The Rise of Christianity.*

Froehlich, Karlfried. *Biblical Interpretation in the Early Church.*

Gillquist, Peter E. *Becoming Orthodox: A Journey to the Ancient Faith.* Rev. ed. Ben Lomond, CA: Conciliar Press, 1992.

González, Justo L. *Church History: An Essential Guide.* Nashville: Abingdon Press, 1996.

Goodman, Martin. *Mission and Conversion.*

Griggs, Wilfred. *Early Egyptian Christianity.*

Irvin and Sunquist. *History of the World Christian Movement.* Johnson,

Jones, Timothy Paul. *Christian History Made Easy.* Torrance, CA: Rose Publishing, 2005.

Josephus, Flavius. *Works.*

Journal of Early Christian Studies. (Selected Articles).

Kee, Howard Clark. *Medicine, Miracle, and Magic in the New Testament Times.*

------. *Miracle in the Early Christian World.*

Kreider, Alan. *The Change of Conversion and the Origin of Christendom.*

Lane, Tony. *Exploring Christian Thought.* Nashville: Thomas Nelson Publishers, 1984.

Luke Timothy. *Religious Experience in Earliest Christianity.*

MacMullen and Lane. *Paganism and Christianity 100 - 424 A.D. A Sourcebook.*

MacMullen, Ramsey. *Christianizing the Roman Empire, 100 - 400 A.D.*

Meeks, Wayne. *The First Urban Christians.*

Meyer, Ben. *The Aims of Jesus.*

Mills, Kenneth and Anthony Grafton. *Conversion in Late Antiquity and the Early Middle Ages.*

Noll, Mark A. *Turning Points: Decisive Moments in the History of Christianity.* 2nd Ed. Grand Rapids: Baker Academic, 2000.

Payne, Robert. *The Holy Fire: The Story of the Fathers of the Eastern Church.*

Procopius. *The Secret History.*

Quasten, Johannes. *Patrology.* 4 vols.

Robeck, Cecil. *Prophesy in Carthage.*

Rousseau, Philip. *The Early Christian Centuries.*

Shelly, Bruce L. *Church History in Plain Language.* Updated 2nd ed. Nashville: Thomas Nelson Publishers, 1995.

Stark, Rodney. *The Rise of Christianity.*

Twelftree, Graham. *Jesus the Miracle Worker.*

Walls, Andrew. *Six Continent Christianity.*

Wilken, Robert Louis. *The Christians as the Romans Saw Them.*

------. *The Spirit of Early Christian Thought.*

------. *Remembering the Christian Past.*

Wright, N. T. *The New Testament and the People of God.*

------. *Jesus and the Victory of God.*

------. *The Resurrection of the Son of God.*

APÉNDICE 4

TUMI.ORG: RECURSOS PARA LA IGLESIA ACERCA DE LA GRAN TRADICIÓN

TUMI.org: *Recursos para la Iglesia acerca de la Gran Tradición, continuación*

DESARROLLO DE LIDERAZGO

El Currículo Piedra Angular

Un programa de 16 módulos a nivel seminario para líderes cristianos urbanos

Serie Fundamentos para el Ministerio

Cursos individuales (incluyendo libro y materiales de audio) sobre temas variados

Herramientas para el Ministerio Urbano

Manuales y materiales del curso para la plantación y el crecimiento de iglesias urbanas

TUMI.org también provee cientos de recursos gratuitos descargables, incluyendo guías devocionales de oración, gráficos y artículos sobre una variedad de temas y sermones semanales por el Dr. Don Davis. ¡Obtenga todo esto y más en *TUMI.org* y en TUMI*media*.org!

PARA MEMORIZAR LA BIBLIA

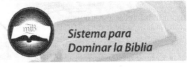

Sistema para Dominar la Biblia

Un extenso programa de memorización de las Escrituras para que los creyentes comprendan:

- las bases de nuestra fe
- la historia de Dios
- la vida de Cristo
- el perfil de madurez del creyente

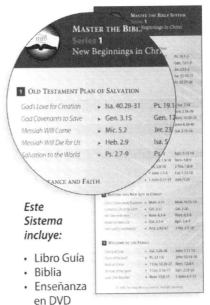

Este Sistema incluye:

- Libro Guía
- Biblia
- Enseñanza en DVD
- Herramientas de memorización:
  ~ Software *Memorice Su Palabra*
  ~ Afiche y separadores de lectura
  (como se ve en el ejemplo)

| www.tumi.org/art | www.tumi.org/products | www.tumi.org/art | www.tumi.org/products |

TUMI.org: Recursos para la Iglesia acerca de la Gran Tradición, continuación

EL AÑO LITÚRGICO

Las estaciones y los días especiales del Año Litúrgico siguen los principales eventos de la vida y ministerio de Cristo. Esta forma de marcar el tiempo, desarrollada a partir de los primeros días de la Iglesia, nos ayuda a recordar y relatar la historia de Cristo durante todo el año.

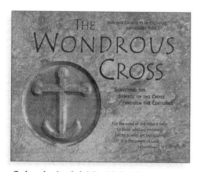

Calendario del Año Litúrgico

Sigue la vida de Cristo a través de las estaciones del Año Litúrgico

Anuario de TUMI

Una guía devocional que integra temas para nuestras predicaciones, nuestras liturgias para el culto y nuestras disciplinas espirituales, bajo un tema común para el año

¡Únase a nosotros para seguir a Cristo durante todo el año!

El Año Litúrgico comienza con el Adviento, ¡no espere hasta el 1 de Enero!

www.tumi.org/art www.tumi.org/products

RECURSOS PARA DEVOCIONALES

Los Credos de Nuestra Fe

Afiches del Credo Niceno y el Credo Apostólico

Érase Una Vez

Narra la Historia de Dios desde la creación hasta la re-creación
(disponible en distintos tamaños de afiche, así como en formato de folleto)

www.tumi.org/art www.tumi.org/products

Guía de Lectura Cronológica de la Biblia

Un programa para leer la Biblia entera en un solo año, con referencias dadas cronológicamente para contar la historia de la Biblia en el orden en que los eventos sucedieron
(se inicia en el Adviento)

Vea todo lo de TUMI en www.tumi.org/store

APÉNDICE 5

UN LLAMADO PARA UN FUTURO EVANGÉLICO ANTIGUO

Robert Webber y Phil Kenyon Revisado 36-5.12.06

PRÓLOGO

En cada época el Espíritu Santo llama a la Iglesia a examinar su fidelidad a la revelación de Dios en Jesucristo, registrada con autoridad en las Escrituras y trasmitida a través de la Iglesia. Así, mientras afirmamos la vitalidad y la fuerza global del evangelicalismo mundial en nuestro tiempo, creemos que la expresión norteamericana del evangelicalismo necesita nuevos retos externos e internos orientados hacia el pueblo de Dios.

Estos retos externos incluyen el ambiente cultural actual y el resurgimiento de ideologías religiosas y políticas. Los retos internos incluyen el acomodamiento evangélico a la religión civil, el racionalismo, la privatización y el pragmatismo. A la luz de estos retos, llamamos a los evangélicos a fortalecer su testimonio a través de una recuperación de la fe articulada por el consenso de la Iglesia primitiva y sus guardianes en las tradiciones de la Ortodoxia Oriental, el Catolicismo Romano, la Reforma Protestante y los despertares evangélicos. Los cristianos antiguos enfrentaron un mundo de paganismo, gnosticismo y dominación política. En medio de la herejía y la persecución, comprendieron la historia a través de la historia de Israel, culminando en la muerte y la resurrección de Jesús y la llegada del Reino de Dios.

Hoy, como en la era antigua, la Iglesia es confrontada por un sin fin de narrativas maestras que contradicen y compiten con el evangelio. La pregunta apremiante es: ¿Quién puede narrar al mundo? El *Llamado para un Futuro Evangélico Antiguo* desafía a los cristianos evangélicos a restaurar la prioridad de la historia bíblica divinamente inspirada por los hechos de Dios en la historia. La narrativa del Reino de Dios posee implicaciones eternas para la misión de la Iglesia, su reflexión teológica, sus ministerios públicos de culto y espiritualidad, y su vida en el mundo. Al involucrarnos en estos temas, creemos que la Iglesia se preparará fuertemente para ocuparse de los asuntos de nuestros tiempos.

1. La primacía de la narrativa bíblica

Hacemos un llamado a volver a la prioridad de la historia canónica del Dios trino. Esta historia—la creación, la encarnación y la re-creación—fue efectuada por la recapitulación que Cristo hizo de la historia humana, y resumida por la Iglesia primitiva y sus reglas de fe. El contenido de estas normas basado en el evangelio, fue la clave para la interpretación de la Escritura y su crítica de la cultura contemporánea; y así se formó el ministerio pastoral de la iglesia. Hoy hacemos un llamado a los evangélicos a que rechacen los métodos teológicos modernos que reducen el evangelio a meras proposiciones; y que no abracen los ministerios pastorales contemporáneos tan compatibles con la cultura que camuflajan la historia de Dios o la vacían de su significado cósmico y redentor. En un mundo de historias de oposición, llamamos a los evangélicos a recobrar la verdad de la Palabra de Dios como la historia del mundo y hacer de ella el centro de la vida evangélica.

2. La Iglesia, la continuación de la narrativa de Dios

Hacemos un llamado a los evangélicos a tomar seriamente el carácter visible de la Iglesia. Les retamos a un compromiso con su misión en el mundo en fidelidad a la misión de Dios (*Missio Dei*) y a explorar las implicaciones ecuménicas que esto tiene para la unidad, la catolicidad y la apostolicidad de la Iglesia. Por lo tanto, llamamos a los evangélicos a darle la espalda a un individualismo que hace de la Iglesia una mera adición al plan redentor de Dios. El evangelicalismo individualista ha contribuido a los problemas actuales relacionados con la falta de cristiandad en las iglesias, a redefiniciones de la Iglesia según modelos comerciales, a eclesiologías separatistas y actitudes condenatorias hacia la Iglesia. Por consiguiente, llamamos a los evangélicos a recobrar su lugar en la comunidad de la Iglesia católica.

3. La reflexión teológica de la Iglesia acerca de la narrativa de Dios

Hacemos un llamado a la reflexión de la Iglesia para permanecer anclados en las Escrituras en continuidad con la interpretación teológica aprendida de los primeros padres. Por lo tanto, llamamos a los evangélicos a alejarse de los métodos que separan la reflexión teológica de las tradiciones comunes de la Iglesia. Estos métodos modernos compartimentalizan la historia de Dios mediante el análisis de sus partes por separado, sin tener en cuenta toda la obra redentora de Dios como una recapitulación en Cristo. Las actitudes antihistóricas también pasan por alto el legado común bíblico y teológico de la Iglesia primitiva. Tal desprecio ignora el valor hermenéutico de los credos ecuménicos de la Iglesia. Esto reduce la historia de Dios del mundo a una de las muchas teologías que hoy por hoy compiten y deterioran el testimonio unificado de la Iglesia, al plan de Dios para la historia del mundo. Por lo tanto, llamamos a los evangélicos a la unidad en "la tradición que ha sido creída donde sea, siempre y por todos", así como a la humildad y la caridad en sus diversas tradiciones protestantes.

4. La adoración de la Iglesia como promulgación de la narrativa de Dios
Hacemos un llamado a la adoración pública, la cual canta, predica y promulga la historia de Dios. Hacemos un llamamiento a una consideración renovada de cómo Dios nos ministra en el bautismo, la eucaristía, la confesión, la imposición de manos, el matrimonio, la sanidad, y de cómo nos bendice por medio de los dones del Espíritu, para que estas acciones den forma a nuestras vidas y sean de significado para el mundo. Por lo tanto, llamamos a los evangélicos a alejarse de formas de culto que se centran en Dios como un mero objeto de inteligencia, o que afirman el yo como la fuente de adoración. Dicha adoración se ha traducido en modelos enfocados en conferencias, basados en música, centrados en rendimiento y en programas, que no proclaman adecuadamente la redención cósmica de Dios. Por lo tanto, llamamos a los evangélicos a recuperar la esencia histórica de la adoración, de la Palabra y de la Cena del Señor; y a atender el año litúrgico que marca el tiempo de acuerdo a los actos salvíficos de Dios.

5. La espiritualidad en la Iglesia como la encarnación de la narrativa de Dios
Hacemos un llamado a una formación espiritual catequética del pueblo de Dios, que se basa firmemente en una narrativa bíblica trinitaria. Nos preocupa cuando la espiritualidad se separa de la historia de Dios y del bautismo en la vida de Cristo y su cuerpo. La espiritualidad, independizada de la historia de Dios, se caracteriza a menudo por el legalismo, el mero conocimiento intelectual, una cultura excesivamente terapéutica, el gnosticismo de la Nueva Era, un rechazo dualista de este mundo y una preocupación narcisista con la experiencia propia. Estas falsas espiritualidades son insuficientes para los retos que enfrentamos en el mundo de hoy. Por lo tanto, llamamos a los evangélicos a volverse a una espiritualidad histórica como la que se enseñó y practicó en el catecumenado antiguo.

6. *La vida encarnada de la Iglesia en el mundo*

Hacemos un llamado a una santidad cruciforme y a un compromiso con la misión de Dios en el mundo. Esta santidad encarnada afirma la vida, la moralidad bíblica y la apropiada negación de sí mismo. Se nos llama a ser fieles mayordomos de la creación, así como profetas audaces para nuestra cultura contemporánea. Por lo tanto, llamamos a los evangélicos a intensificar su voz profética en contra de las formas de indiferencia al don de Dios de la vida, a la injusticia económica y política, a la falta de sensibilidad ecológica y la falta de apoyo a los pobres y marginados. Con demasiada frecuencia hemos fallado en mantenernos proféticamente en contra del racismo, del consumismo, de la corrupción política, la religión civil, el sexismo, el relativismo ético, la violencia y la cultura de la muerte. Estos fallos han silenciado la voz de Cristo en el mundo a través de su Iglesia, desvirtuando la historia de Dios, la cual la iglesia está llamada a encarnar. Por lo tanto, hacemos un llamado a la Iglesia a recuperar su misión contra-cultural para el mundo.

Epílogo

En resumen, llamamos a los evangélicos a recobrar la convicción de que la historia de Dios da forma a la misión de la Iglesia para dar testimonio del Reino de Dios y para comunicar los cimientos espirituales de la civilización. Establecemos este llamado como una conversación en marcha, de composición abierta. Estamos conscientes de que tenemos nuestros puntos ciegos y nuestras debilidades. Por lo tanto, alentamos a los evangélicos a abordar el presente llamado dentro de los centros educativos, las denominaciones e iglesias locales, a través de publicaciones y conferencias.

Oramos para que podamos movernos con la intención de proclamar el amor trascendente del trino Dios, quien se ha involucrado en nuestra historia. En conformidad con la Escritura, el credo y la tradición, es nuestro deseo más profundo encarnar los propósitos de Dios en la misión de la Iglesia a través de nuestra reflexión teológica, nuestra adoración, nuestra espiritualidad y nuestra vida en el mundo, mientras proclamamos que Jesús es el Señor de toda la creación.

Patrocinadores

Northern Seminary (*www.seminary.edu*) Baker Books (*www.bakerbooks.com*)
Institute for Worship Studies (*www.iwsfla.org*)
InterVarsity Press (*www.ivpress.com*)

Este *Llamado* se publica en el espíritu de *sic et non*; por lo que aquellos que ponen sus nombres en el presente *Llamado* no tienen por qué estar de acuerdo con todo su contenido. Más bien, su consenso es que estos son asuntos que se discuten en la tradición de *semper reformanda* ya que la iglesia enfrenta los nuevos desafíos de nuestro tiempo. Durante un período de siete meses, más de 300 personas han participado a través del correo electrónico para escribir el *Llamado*. Estos hombres y mujeres representan una amplia diversidad étnica y provienen de distintas afiliaciones denominacionales. Los cuatro teólogos que más consistentemente interactuaron con el desarrollo de el *Llamado* han sido nombrados como Editores Teológicos. A *la Junta Directiva de Referencia* se le dio la misión especial de la aprobación general.

Si usted desea firmar este *Llamado*, visite *www.ancientfutureworship.com*.

Made in the USA
San Bernardino, CA
12 January 2014